논 · 술 · 세 · 계 · 대 · 표 · 문 · 학

27

탈무드

김경순 엮음

H 훈민출판사

유대 인의 경전인 〈탈무드〉

The Best World Literature

낡아서 찢겨진 〈탈무드〉를 공부하는 유대 청년

제2차 세계대전 때 쓰인 대포 ― 유대 인들은 이 전쟁으로 많은 희생을 당했다.

에스파냐 코르도바의 유대 인 거리

유대 인 젊은이들

에스파냐 코르도바 유대 인 거리의 작은꽃길

유대 인들의 생활 모습

제2차 세계대전 중 뷔르템베르크의 나치스 대집회 – 유대인들은 나치스의 탄압으로 수십만 명이 죽음을 당하였다.

The Best World Literature

폴란드에 있는 유대 인 저항 기념비

히틀러의 생가 – 히틀러는 제2차 세계대전을 일으킨 뒤 유대 인 학살(홀로코스트)을 자행하였다.

구인환(丘仁煥)

서울대학교 사범대학 졸업. 동 대학원 졸업(문학박사)
서울대학교 명예교수, 소설가(현). 서울대학교 사범대학 국어교육연구소 소장(현)
문학과문학교육연구소 소장(현). 국제펜 한국본부 부회장(현)
한국소설문학상(1987). 예술문화대상(1994). 한국문학상(2000)
작품 〈숨쉬는 영정〉, 〈살아 있는 날들〉, 〈일어서는 산〉 외 다수

- **저서** 《한국단편소설의 이해》, 《한국현대소설의 비평적 성찰》,
  《고교생이 알아야 할 소설》, 《고교생이 알아야 할 세계단편소설》 외 다수

윤병로(尹柄魯)

성균관대학교 국어국문학과 졸업. 동 대학원 졸업(문학박사)
성균관대학교 교수, 문학평론가(현). 한국현대소설학회장(현)
한국문예학술저작권협회 이사(현). 한국간행물윤리위원회 위원(현)
한국펜 문학상(1987). 한국문학상(1988). 대한민국문학상(1989)
수필집 《나의 작은 애인들》 외 다수

- **저서** 《현대 작가론》, 《한국 현대 소설의 탐구》,
  《한국 근대 작가 작품 연구》, 《한국 현대 작가의 문제작 평설》 외 다수

홍성암(洪性岩)

고려대학교 국어국문학과 졸업. 한양대학교 대학원 국어국문학과 졸업(문학박사)
동덕여자대학교 교수, 소설가(현). 한국문인협회 회원(현)
한국소설가협회 이사(현). 국제펜 한국본부 소설분과 이사(현). 한민족 문화학회 회장(현)
창작집 《큰 물로 가는 큰 고기》, 《어떤 귀향》 외
대하역사소설 《남한산성》 (전9권) 외 다수

- **저서** 《문학의 이해》, 《현대 작가론》, 《한국 근대 역사소설 연구》 외 다수

기
획
·
감
수

나치스의 소각로 – 제2차 세계대전 중 수많은
유대 인들이 죽은 곳이다.

논술 *세계대표문학*을 펴내며

　21세기의 사회는 **'전자 문명 시대'**라 일컬어질 만큼 오늘날 전자 산업은 우리 생활의 거의 모든 분야에 다양하게 응용되고 있습니다. 출판 분야 또한 예외는 아니어서, 종래의 서책(Book) 대신에 이른바 '전자책(CD-ROM)'의 출간이 최근 들어 날로 증가하고 있습니다.

　그러나 이러한 전자책은 영상 또는 모니터상으로 흥미 위주나 백과사전식 지식을 습득하는 데는 효과적일지 모르지만, 문학 공부를 위해서는 별로 도움이 되지 않습니다. 바꾸어 말하면, 문학 공부는 각 지면마다 살아 숨쉬는 표현 하나하나를 독자 자신의 머리로 음미하면서 작품을 읽어 나가는 가운데, 풍부한 상상력의 배양과 함께 작가의 의도와 그 작품의 내면을 깊이 있게 이해함으로써 이루어지는 것입니다.

　이에 훈민출판사에서는, 자라나는 학생들이 범람하는 영상 매체에 길들여지기 전에, 어려서부터 유명한 세계문학 작품들을 책자를 통하여 감명 깊게 읽고 감상함으로써, 올바른 문학 공부의 기틀을 다지고, 아울러 전인 교육도 할 수 있도록 《논술 세계대표문학(전60권)》을 펴내게 되었습니다.

　작품 선정은, 초·중·고등학교 국어 교과서와 역사 교과서에 실리거나 소개된 문학 작품을 중심으로 하되, 그리스 신화와 성경 이야기 등의 고전에서부터 중세·근대·현대에 이르기까지 세르반테스·셰익스피어·톨스토이 등 세계 유명 작가들의 장·단편 소설들을 엄선·수록하였습니다. 또 세계의 명시도 별권으로 엮었으며, 특히 각 단락마다 **'논술 문제'**를 제시하여, 장차 대학입시를 비롯한 각종 '논술 고사'에 예비 지식을 쌓을 수 있도록 배려하였습니다. 아무쪼록, 이 《논술 세계대표문학(전60권)》이 자라나는 학생들에게 문학 공부의 주춧돌이 되고, 나아가 미래를 살아가는 데 **정신적 자양분**이 되기를 진심으로 바라 마지않습니다.

훈민출판사

차례

탈무드

탈 무 드

누가 더 부자인가

아주 커다랗고 호화로운 여객선이 바다 위를 미끄러져 가고 있었다.

날씨는 맑게 개었고 바람은 알맞게 불어 항해하기에는 아주 좋은 날이었다.

배에 타고 있는 손님들은 모두 갑판 위에 나와서 푸른 하늘과 푸른 바다, 그리고 수평선 위로 피어오르는 솜 같은 구름을 바라보면서 이야기 꽃을 피우고 있었다.

이 여객선에 탄 손님들은 큰 부자들이었다. 손님들은 제각기 자기의 재산을 자랑하기에 바빴다.

"어머나! 그렇게 많은 보석을 가지고 계시다니……. 저보다 조금 많은 편이군요."

"나도 당신만큼은 가지고 있어요."

이렇게 말하는 사람도 있었고, 어떤 사람들은 자기가 항상 가지고 다니는 보석 상자를 열어 보이며 자랑을 하기도 하였다.

이 손님들 가운데 랍비(유대교에서 '율법사'를 높이어 일컫는 말)가 한 사람 있었다.

랍비는 여러 사람들이 하는 말을 듣고 나서 이렇게 말하였다.

"여러분들은 확실히 부자로군요. 하지만 나를 따라오지는 못할 것 같군요."

한 손님이 눈을 크게 뜨고 물었다.

"그럼 랍비님께서는 이 가운데서 제일 부자라고 인정하는 분보다 더 부자라는 말씀입니까?"

랍비는 빙그레 웃으면서 머리를 끄덕였다.

"물론입니다. 그 분보다도 제가 부자입니다. 그러나 미안한 것은 지금 내 재산을 여러분에게 보여 드릴 수 없다는 것입니다."

사람들은 믿을 수 없는 말이기에 그냥 웃음으로 넘겨 버리고 말았다.

그런데 얼마 후, 갑판 위에서 일을 하고 있던 선원들이 술렁거리기 시작하였다.

"선원들이 왜 저러지요?"

"글쎄요, 무슨 일이 일어난 것 같군요."

조금 있으려니까 선장이 급히 뛰어나와 큰 소리로 외쳤다.

"여러분, 모두 선실로 들어가십시오. 해적들이 습격해 왔습니다."

손님들은 깜짝 놀라 선실로 들어가 문을 닫고 벌벌 떨고만 있었다.

그렇지만 그건 아무 소용이 없었다.

해적들은 배 위로 올라와 선실을 모조리 뒤지면서 손님들이 가지고 있던 보물들을 하나도 남김없이 빼앗아 갔다.

그 바람에 부자라고 뽐내던 손님들이 가지고 있던 보물과 재산은 모두 해적에게 빼앗기고 말았다.

해적들이 약탈을 끝내고 가 버린 후에 배는 간신히 어떤 항구에 도착할 수 있었다.

재산을 빼앗긴 손님들과 랍비는 이 항구에서 내릴 수밖에 없었다.

그런 후, 얼마의 세월이 흘렀다.

항구 사람들은 랍비가 높은 교육을 받았고, 덕망이 있다는 것을 알게 되었다.

"그렇게 훌륭한 사람을 선생님으로 모시지 않으면 안 되지!"

그리하여 랍비는 학교의 선생님이 되어 학생들을 가르치게 되었다.

또한 생활도 부족한 것이 없게 되었다.

얼마의 세월이 흐른 뒤, 랍비는 길에서 우연히 여객선에 탔던 사람들을 만나게 되었다.

해적들에게 보물을 빼앗기기 전까지는 부자들이었던 그 사람들은 고향에도 돌아가지 못한 채 모두 가난한 모습을 하고 있었다.

그들은 랍비를 보자 이렇게 말하였다.

"랍비님, 당신이 그때 한 말은 과연 틀림이 없습니다. 당신이야말로 진정한 부자입니다. 배워서 아는 것이 많은 사람은 모든 것을 가지고 있는 부자와 같습니다."

효 도

옛날 이야기이다.

옛날 이스라엘 땅 두마라는 곳에 한 사나이가 살고 있었다.

이 사나이는 금화 6천 개에 해당하는 다이아몬드를 가지고 있었다.

그런데 그 사나이는 장사를 하다가 손해를 많이 보아서 오늘내일이면 완전히 망할 지경이 되었다.

어느 날, 랍비 한 사람이 그 마을에 와서 사원의 장식으로 쓸 다이아몬드를 구하러 다녔다.

그러다가 그 사나이의 집에 금화 6천 개에 해당하는 다이아몬드가 있다는 이야기를 듣게 되었다.

그래서 랍비는 금화 6천 개를 준비하여, 그의 집으로 다이아몬드를 사러 갔다.

"당신에게 다이아몬드가 있다던데, 그게 정말입니까?"

사나이는 숨김없이 대답하였다.

"그렇습니다."

"그 다이아몬드를 나에게 팔지 않겠소?"

마침 급하게 돈이 필요하던 그 사나이는 주저하지 않고 대답하였다.

"금화 6천 개를 준다면 팔겠소!"

"그건 이미 준비해 왔소. 지금 곧 사겠소. 다이아몬드를 가져오시오."

그런데 공교롭게도 그 다이아몬드를 넣어 둔 금고의 열쇠를 베개 밑에 넣고 그의 아버지가 낮잠을 자고 있었다.

사나이는 난처해하며 랍비에게 말하였다.

"주무시는 아버님을 깨울 수가 없습니다. 아버님께서 깨어나실 때까지 기다려 주시면 안 되겠습니까?"

랍비는 고개를 저었다.

"나는 바쁜 사람이오. 지금 팔지 않겠다면 그냥 돌아가겠소. 다른 데에서도 다이아몬드는 얼마든지 살 수 있으니까요."

그러자 그 사나이는 랍비에게 정중하게 인사를 하면서 말하였다.

"저도 다이아몬드를 팔기 위하여 곤하게 주무시는 아버님을 깨울 수는 없습니다."

꼬리의 불평

뱀이 한 마리 있었다. 그런데 그 뱀의 꼬리는 언제나 머리가 가는 대로 따라다니는 것이 몹시 불만이었다.

어느 날, 참다 못한 꼬리가 머리에게 말하였다.

"나는 왜 네 뒤만 졸졸 따라다녀야 하니? 너는 언제나 나한테는 묻지도 않고 네 마음대로 다니는데, 그건 너무 불공평해!"

꼬리의 불평을 듣고 난 머리는 어이가 없었다.

"무슨 말을 하는 거니? 너에게는 앞을 볼 수 있는 눈이 없으니까 제대로 나아갈 수도 없고, 위험을 피할 수도 없지 않니? 난 결코 나만을 위해 앞장서는 게 아니야. 진심으로 너를 생각하기 때문이지."

그러자 꼬리는 큰 소리로 비웃었다.

"흥, 말도 안 돼. 둘러대지 마!"

그러자 머리가 할 수 없다는 듯이 이렇게 말하였다.

"정 그렇다면 지금부터 네가 앞에서 가 보렴."

그러자 꼬리는 아주 기뻐하며 앞장을 서기 시작하였다.

얼마쯤 가다 보니 개울가가 나타났다.

하지만 앞을 볼 수 없는 꼬리는 그것도 모르고 계속 앞으로 가다가 그만 개울에 빠지고 말았다. 허우적거리고 있던 꼬리는 머리의 도움으로 간신히 개울에서 빠져 나왔다.

그런데도 꼬리는 또 고집을 부리며 앞장서 가기 시작하였다.

그러다 결국은 가시덤불로 들어가고 말았다. 가시가 콕콕 찌르자 피가 줄줄 흐르고 매우 아팠다.

이번에도 머리가 도와줘서 빠져 나왔지만 꼬리는 여전히 자기가 앞서 가겠다고 고집을 부렸다.

그렇게 한참을 가고 있었다.

앞을 볼 수 없는 꼬리는 이번에는 활활 타고 있는 불길 속으로 들어가고 말았다.

꼬리는 몸이 점점 뜨거워지자 빠져 나오려고 애를 썼다.

그러나 결국 꼬리의 욕심 때문에 뱀은 죽고 말았다.

거미와 모기와 미친 행동

옛날 이스라엘에 다윗이라는 왕이 있었다.

다윗 왕은 거미를 아주 싫어하였다.

"거미란 놈은 아무 데나 거미줄을 치는 더러운 놈이고, 아무 쓸모가 없는 놈이란 말이야."

그 후 다윗 왕은 전쟁터에 나가서 적과 싸우게 되었다. 그런데 다윗 왕은 싸움이 불리하게 되어 적에게 포위당하고 말았다.

다윗 왕은 이 포위망을 뚫고 나가야만 살 수 있었다. 그러나 빠져 나갈 틈이 없었다.

다윗 왕은 이곳 저곳 도망칠 곳을 찾았으나 마땅한 곳이 없었다. 그런데 마침 사람이 하나 간신히 들어갈 만한 굴이 있었다.

그러나 적군의 눈을 속일 만한 곳은 되지 못하였다. 뒤쫓아오고 있는 적병이 이 굴을 보고 그냥 지나칠 리가 없었기 때문이었다.

그렇지만 워낙 다급한 상황이라 다윗 왕은 그 속으로 기어들어가지 않을 수 없었다. 그는 운명을 하늘에 맡기고 숨을 죽이고 있었다.

그런데 뜻밖의 일이 일어나기 시작하였다.

커다란 왕거미 한 마리가 굴 입구에 가로세로로 거미줄을 치기 시작한 것이었다. 이윽고 얼마 뒤에는 굴 입구가 거미줄로 막혔다.

적군들이 떠드는 소리가 들려왔다. 그리고 금방 바위 굴 밖까지 다가왔다.

"이 굴 속에 숨었을지도 모르겠군."

그러자 또 한 명의 목소리가 들려왔다.

"아니야, 이 거미줄을 보게. 이 속에 사람이 들어갔다면 거미줄이 이렇게 있을 리가 없지 않나?"

"그렇군!"

적군들은 다른 곳으로 가 버리고 말았다.

다윗 왕은 제일 싫어하던 거미 때문에 죽을 뻔한 순간에서 벗어날 수가 있었다.

또 이런 일이 있었다.

다윗 왕은 한 가지 생각을 하고 있었다.

그건 적의 대장 침실로 숨어 들어가 그의 칼을 훔쳐 낸 다음, 싸움터에 나갔을 때 적장 앞에서 큰소리를 치려는 것이었다.

"적장은 들으시오! 나는 당신의 침실에 들어가 이 칼을 가지고 나왔소. 마음만 있다면 얼마든지 당신을 죽일 수도 있었소."

이렇게 하여 자기가 적장에게 은혜를 베풀었다는 것을 알리고, 그를 감동시켜 항복시키려는 생각이었다.

그러던 어느 날, 드디어 그 기회가 왔다.

다윗 왕은 적장의 침실로 들어가기는 했으나, 적장은 칼을 자리 밑에 깔고 자고 있었다. 자칫 잘못 건드렸다가 잠이 깨는 때에는 모든 것이 실패로 돌아갈 것이 분명하였다.

할 수 없이 그냥 발길을 돌리려고 할 때였다.

난데없이 모기 한 마리가 날아오더니 적장의 다리에 앉았다.

적장이 꿈틀하며 움직이는 순간, 다윗 왕은 칼을 빼낼 수 있었다.

아무 쓸모 없고 인간에게 해롭기만 한 모기의 힘으로 이 위험한 계획은 성공을 거둘 수 있었다.

또 어느 때인가 다윗 왕은 적군에게 완전히 포위를 당하였다.

꼼짝없이 잡혀 죽을 수밖에 없는 최후의 순간이 닥쳐왔다.

이 때 다윗 왕은 갑자기 미친 사람 흉내를 내었다.

갑자기 히죽히죽 웃다가, 또 넋을 잃고 우는 시늉을 하였다.

적군이 달려와, 미친 다윗 왕을 보고는,
"저렇게 미친 놈이 다윗 왕일 수는 없어."
하고는 다른 곳으로 가 버렸다.

마술 사과

임금님에게 공주가 하나 있었다.
아름답고 마음씨 착한 공주였다. 그런데 그 공주가 몹쓸 병에 걸리고
말았다.
천하에 유명한 의원들을 다 초청하여 공주를 고쳐 보려고 하였으나,
아무 효과도 거두지 못하고 공주의 병은 점점 더 심해지기만 하였다.
그래서 생각다 못한 임금님은 전국에 공고문을 써 붙이기로 하였다.

공주의 병을 고쳐 주는 사람에게는 공주와 결혼시키는 것은 물론,
왕위를 계승시키겠노라.

한편, 먼 시골에 삼 형제가 살고 있었다. 이 삼 형제에게는 한 가지씩
신기한 보물이 있었다.
첫째는 먼 곳을 볼 수 있는 망원경을 가지고 있었다.
둘째는 마술 양탄자를 가지고 있었다. 이 양탄자를 타면 아무리 먼
곳이라도 순식간에 날아갈 수 있는 신기한 보물이었다.
셋째는 마술 사과를 가지고 있었다. 이 사과를 먹으면 어떤 병이라도
다 나을 수 있었다.
어느 날, 첫째가 망원경으로 이 공고문을 보았다.
"얘들아, 공주님의 병을 고쳐 주면 공주님과 결혼을 시키고 왕위까지

계승해 준다고 하는구나!"

"그래요? 그러면 우리가 공주님을 구해 주도록 합시다."

삼 형제는 의논을 한 뒤 둘째의 마술 양탄자를 타고 대궐로 날아갔다.

그리고 찾아온 이유를 아뢰고 공주에게 셋째가 가지고 있던 사과를 먹였다.

과연, 금방 숨이 넘어갈 것 같았던 공주는 언제 그랬느냐는 듯 씻은 듯이 병이 나았다.

임금님의 기쁨은 이루 말로 표현할 수 없었다. 사랑하는 외동딸이 죽음에서 다시 살아난 기쁨은 이만저만 큰 것이 아니었다.

모든 백성들도 진심으로 기뻐하였다.

이윽고 대궐에서는 성대한 잔치를 베풀고 임금님의 사위가 될 사람을 발표하기로 하였다.

그런데 여기에서 문제가 생겼다.

첫째의 주장은 이러하였다.

"내가 망원경으로 보지 않았다면 공주님이 병이 든 것도 몰랐을 것입니다."

그러자 둘째가 말하였다.

"만일 나에게 마술 양탄자가 없었더라면 천 리나 떨어진 이곳까지 올 수 없었을 겁니다."

셋째는 이렇게 말하였다.

"아무리 그래도 내가 마술 사과를 먹이지 않았으면 공주님의 병은 고칠 수 없었을 거예요."

이런 세 사람의 주장은 당연한 것이었다.

임금님은 깊이 생각한 끝에 결심을 굳히고 드디어 발표를 하였다.

"나의 사위가 될 사람은 셋째로 결정하겠다."

두 형이 일제히 임금님에게 항의를 하였다.

"그건 부당합니다. 임금님께서는 어찌하여 그렇게 정하셨습니까?"

임금은 빙그레 웃으면서 말하였다.

"두 형제는 잘 들으라! 망원경과 양탄자는 그대로 남아 있지만, 셋째는 사과를 공주에게 먹였기 때문에 아무것도 남아 있지 않느니라. 셋째는 공주를 위하여 가장 아끼는 보물을 서슴없이 주었기 때문에 그렇게 결정했노라."

그 릇

총명한 머리를 가졌지만 얼굴이 아주 못생긴 랍비가 어느 날 로마 임금의 딸 공주를 만나게 되었다.

공주는 뛰어나게 아름다웠지만 마음이 교만하였다.

공주는 그 랍비가 훌륭하다는 말은 들었지만, 아주 못생긴 데 실망을 하였다.

그래서 랍비를 만난 그 자리에서 빈정거리는 투로 말하였다.

"그렇게 총명한 지혜가 아주 못생긴 그릇에 담겨 있군요."

랍비는 공주가 자기 얼굴이 못생겼다고 비꼬는 말을 듣자 한 가지 생각이 떠올랐다.

"공주님, 이 대궐 안에 술이 있습니까?"

"있고말고요, 그런데 그건 왜 물으시나요?"

랍비는 다시 물었다.

"그 술이 어떤 그릇에 담겨 있나요?"

공주는 아무 생각 없이 대답하였다.

"그야 보통 항아리나 단지에 들어 있지요."

공주의 말에 랍비는 깜짝 놀라는 표정을 지으며 말하였다.

"대로마 제국의 공주 되시는 훌륭한 분이, 금이나 은으로 된 그릇도 많을 텐데 왜 그따위 보잘것없는 그릇에 술을 담아 두셨습니까?"

"그것도 그렇군요."

공주는 지금까지 항아리에 들어 있던 술을 전부 금그릇이나 은그릇으로 옮겨 담으라고 명령을 하였다.

그러자 술맛은 곧 변해 버렸다.

다음 날, 신하들과 잔치를 벌이며 술을 마시던 임금은 술맛이 변한 것을 보고 이상히 여겨 그 까닭을 알아보았다. 그랬더니 술이 모두, 금그릇과 은그릇에 옮겨졌다는 것을 알게 되었다.

임금은 화가 나서 소리를 쳤다.

"누가 이런 그릇에 술을 담았느냐?"

임금이 소리치자 공주는 조심스럽게 나아가 아뢰었다.

"죄송합니다. 술도 좋은 그릇에 담아 두는 것이 좋다고 생각되어 제가 그랬습니다."

"공주는 술을 금그릇, 은그릇에 옮겨 담으면 맛이 변한다는 것을 몰랐느냐?"

임금은 화가 나서 공주를 나무랐다.

임금님 앞에서 물러나온 공주는 랍비를 찾아가서 화를 발칵 내었다.

"랍비님, 당신은 왜 그런 엉뚱한 일을 권했지요?"

그러자 랍비는 빙긋 웃으면서 대답을 하였다.

"공주님, 나는 공주님을 골탕먹이려고 그런 것은 아닙니다. 단지 가장 귀중한 것도 때로는 싸구려 그릇에 넣어 두는 것이 나을 경우가 있다는 것을 가르쳐 드리고 싶었을 뿐이었습니다."

하나님이 맡긴 보석

어느 랍비에게 아들이 둘 있었다.

어느 안식일에 랍비가 회당에서 설교를 하고 있을 때, 집에 있던 두 아들이 원인 모르게 죽고 말았다.

랍비의 아내는 죽은 두 아들을 2층으로 옮겨다 놓고 이불로 덮어 놓았다.

랍비의 아내는 슬픔을 참으며, 조용히 남편이 돌아오기를 기다리고 있었다.

이윽고 랍비가 회당에서 돌아왔다.

아내는 두 아들이 죽었다는 이야기를 하기 위하여 남편인 랍비에게 이렇게 말하였다.

"당신에게 물어 볼 말이 있어요."

"무슨 말이오? 어서 말해 보오!"

"어떤 분이 나에게 잘 지켜 달라고 하면서 아주 값나가는 보석을 두 개 맡기셨어요."

랍비는 어리둥절한 표정을 지으며 아내를 바라보았다.

"그런데?"

"갑자기 그 주인이 와서 맡겨 놓은 보석을 달라는 거예요. 나는 어떻게 해야 하나요?"

랍비는 서슴없이 말하였다.

"그야 말할 것도 없이 주인에게 돌려줘야지요!"

그때서야 아내는 조용히 말하였다.

"사실은 조금 아까 하나님께서 우리에게 맡겨 두셨던 두 아이들을 찾아 가지고 하늘로 올라가셨어요."

이 말에 랍비는 아무 말도 하지 않았다.

성 장

어느 유대 인 상점에서 옷을 팔고 있었다.

아동복을 사러 온 손님이 옷을 고르면서 주인에게 물어 보았다.

"이 옷은 세탁을 해도 줄지 않습니까?"

주인은 자신 있게 대답하였다.

"물론입니다. 그건 우리 가게의 제일 고급 물건입니다. 절대로 줄지 않는다고 약속할 수 있습니다. 조금도 걱정하지 마십시오."

손님은 그 때서야 마음놓고 옷을 샀다.

그런데 일주일 후에 옷이 더러워져 세탁을 하게 되었다.

그랬더니 상점 주인의 말과는 달리 옷은 형편없이 줄어들어 버렸다.

아동복을 샀던 사람은 아이에게 그 옷을 입히고 그 상점을 찾아갔다. 그리고는 화가 나서 주인에게 항의를 하였다.

"당신은 이 옷이 최고급이라고 장담을 하였는데, 이게 무슨 꼴이오?"

그러자 유대 인 주인은 줄어든 옷을 입은 아이의 머리를 쓰다듬으면서 다정하게 말하였다.

"너는 정말로 귀엽구나! 일주일 전에 비해 몰라보게 자랐군."

약 속

한 소녀가 산책을 하다가 그만 길을 잃어버리고 말았다.

소녀는 정신 없이 헤매다가 우물가에 다다르게 되었다. 소녀는 목이 말라서 생각할 여유도 없이 두레박줄을 타고 내려가 물을 마셨다.

그런데 다시 올라가려고 하니 도저히 올라갈 수가 없었다.

"구해 주세요!"

소녀는 큰 소리로 구원을 청하였으나 아무도 구해 주는 사람이 없었다. 워낙 마을에서 멀리 떨어진 곳이라 사람이 있을 리가 없었다.

"살려 주세요!"

소녀는 지쳐서 울음을 터뜨리고 말았다.

때마침 그 곳을 지나가던 어떤 젊은이가 그 소리를 듣고 소녀를 구해 주게 되었다.

젊은이는 소녀의 아름다운 모습에 마음이 끌렸고, 소녀 역시 자기의 목숨을 구해 준 젊은이에게 사랑을 느꼈다.

두 사람은 서로 사랑을 하게 되어 장래를 약속하였다.

그리고 서로의 사랑을 약속하고 결혼을 할 때까지 언제나 기다리기로 하였다.

"우리의 이 약속을 누구에게 증인이 되어 달라고 할까요?"

젊은이가 다정하게 속삭였다.

때마침 족제비 한 마리가 숲 속으로 달려가는 것이 보였다. 그것을 보면서 소녀가 말하였다.

"우리 저 족제비와 이 우물을 증인으로 삼아요."

"좋아요. 우리의 약속을 저 족제비와 이 우물이 보았어요."

두 사람은 이렇게 약속을 하고 젊은이는 길을 떠났다.

그런 뒤 몇 년의 세월이 흘렀다.

소녀는 변함없이 약속을 지키고 있었는데, 젊은이는 먼 지방에 살다가 그 곳에서 결혼하여 아이까지 낳고 행복하게 살았다. 소녀와의 약속을 까맣게 잊어버리고 있었던 것이다.

그러던 어느 날 밤, 젊은이의 아이는 밖에서 놀다가 지쳐서 풀밭에서 깜박 잠이 들고 말았다. 그런데 공교롭게도 족제비 한 마리가 나타나 아이의 목을 물었다.

아이는 그만 죽고 말았다.

젊은이 부부는 깊은 슬픔에 빠져 목놓아 울었지만, 한번 죽은 아이는 다시 살아나지 않았다.

그러나 또 몇 해가 지나고, 다시 아기가 태어나 그들은 행복한 나날을 보낼 수 있었다.

두 번째로 태어난 아이가 자라서 아장아장 걸어다닐 수 있게 되었을 때였다. 그 아이는 어느 날 우물에 비친 자기 그림자를 들여다보다가 그만 빠져 죽고 말았다.

두 아이의 죽음을 겪고 나서야 젊은이는 옛날의 약속을 생각해 내었다. 그러자 그 때의 증인이 족제비와 우물이라는 것도 생각이 났다.

"아아! 내가 왜 그걸 생각 못하고 있었을까?"

젊은이는 아내에게 모든 것을 말하고 소녀가 있는 마을로 찾아갔다.

소녀는 어엿한 어른이 되어 있었지만, 그 때까지의 약속을 지키느라 결혼을 하지 않고 있었다.

"내가 잘못했습니다."

젊은이는 마음속 깊이 뉘우쳤다.

혀 1

어떤 장사꾼이 골목을 돌아다니며 외치고 있었다.

"행복하게 사는 비결을 팝니다. 싸게 팝니다."

그러자 눈 깜짝할 사이에 많은 사람들이 골목을 메웠다. 그 가운데는 랍비들도 몇 사람 섞여 있었다.

"내게 파시오, 나도 사겠소, 값은 후하게 주겠소."
하고 여기저기서 다투며 사람들이 외쳐 댔다.

그러자 장사꾼은 이렇게 말했다.

"인생을 진실로 참되고 행복하게 사는 비결은 자기 혀를 조심해 쓰는 것이오."

혀 2

어느 날, 랍비는 자기가 맡아 가르치고 있는 학생들에게 잔치를 베풀어 주었다.

잔칫상에는 소와 양의 혀로 요리한 음식도 나왔다. 그런데 그 가운데는 딱딱한 혀와 부드러운 혀의 요리가 있었다.

학생들은 부드러운 혀로 만든 요리만 골라 먹었는데, 이것을 본 랍비가 말하였다.

"너희들도 항상 혀를 부드럽게 간직할 수 있도록 해라. 혀가 딱딱하게 굳은 사람은 남을 노하게 하거나 서로간 불화의 씨를 만드니까."

혀 3

어느 날, 랍비가 자기 하인에게 시장에 가 맛있는 것을 골라서 사 오라고 시켰다.

그러자 하인은 혀를 사 왔다.

며칠 뒤, 랍비는 또 하인에게 오늘은 값이 좀 싼 음식을 사 오라고 명하였다.

그러자 하인은 또 앞서와 마찬가지로 혀를 사 왔다.

랍비는 기분이 언짢아 그 까닭을 물었다.

"며칠 전에 맛있는 것을 사오라고 했을 때 혀를 사 왔고, 오늘은 싼 음식을 사 오라고 했는데 어째서 또 혀를 사 왔느냐?"

그러자 하인은 이렇게 대답하였다.

"좋은 것으로 말하면 혀만큼 좋은 게 없고 나쁜 것으로 말하면 혀만큼 나쁜 것도 없기 때문입니다."

포 도 원

알맞게 익은 포도가 주렁주렁 달린 포도밭 옆을 여우 한 마리가 지나가게 되었다.

"이것 봐라! 아주 먹음직스러운 포도가 저렇게 많다니!"

여우는 발걸음을 멈추고 이렇게 중얼거렸다.

그리고 여우는 뛰어 들어가서 그 밭에 있는 포도를 마음껏 따먹어 보고 싶어하였다.

여우는 포도밭 주위를 돌면서 어떻게 해서든지 그 속으로 숨어 들어가려 하고 있었다. 그러나 울타리 때문에 도저히 안으로 기어들어갈 수가 없었다.

"무슨 방법이 없을까?"

여우는 궁리 끝에 사흘을 굶어 몸을 홀쭉하게 한 뒤에 가까스로 울타리 틈 사이로 들어가는 데 성공하였다.

포도밭 안으로 들어간 여우는 사흘이나 굶었던 터라 정신 없이 맛있는 포도를 실컷 따먹었다.

"아, 배부르다. 마음껏 먹었으니 이제는 슬슬 나가 볼까?"

더 이상 먹을 수 없을 만큼 실컷 먹은 여우가 다시 포도밭에서 나오려고 구멍으로 머리를 내밀었다. 그런데 배가 불러 몸이 뚱뚱해져서 빠져 나갈 수가 없었다.

그래서 여우는 하는 수 없이 다시 사흘을 굶어야만 하였다.

그런 다음 간신히 빠져 나올 수가 있었다.

결국은 아무것도 얻은 것이 없는 셈이었다. 이 때 여우가,

"배가 고프기는 들어갈 때나 나올 때나 마찬가지군."

하고 말하였다.

일곱 번째의 사람

어떤 랍비가 자기 집 하인에게 말하였다.

"여봐라, 내일 아침에 손님 여섯 사람이 오셔서 중요한 문제를 해결하기로 하였다. 그러니 손님 맞을 준비를 하거라."

다음 날, 하인은 새벽같이 일어나 곧 모여들 손님을 맞이하기 위한 준비를 하였다.

이윽고 시간이 되자 손님들이 하나 둘 오기 시작하였다.

그런데 주인인 랍비는 자기 집에 오는 여섯 사람의 손님이 누구인지를 모르고 있었다.

랍비는 그들을 공손히 맞이해 들였는데, 뜻하지 않은 일이 생겼다. 손님은 여섯 명이 올 것이라는 연락을 받았는데 모여든 사람은 일곱 사람이었다.

초청하지 않는 사람이 한 명 더 온 것은 분명한데 그가 누구인지 알 수가 없었다.

생각다 못한 랍비는 그 불청객을 가려내기 위해 말하였다.

"손님들, 대단히 죄송합니다. 오늘 모이실 분은 모두 여섯 분인데 지

금 오신 분들은 일곱 분입니다. 이 가운데는 모시지도 않았는데 여기에 오신 분이 계십니다."

랍비는 잠시 말을 멈추었다가 민망스러운 듯이,

"그러니 여기에 초청받지 않은 분은 돌아가 주시기 바랍니다."

하고 말하였다.

그러자 한 사람이 자리에서 일어났다. 사람들은 모두 그 사람을 바라보았다.

"아니, 저 분은 아닐 텐데?"

사람들은 모두 놀랐다. 그 사람은 이름난 랍비로 지혜가 많아 분명히 오늘 회의에 참석하여야 할 중요한 인물이었다.

그 사람은 누가 말릴 사이도 없이 조용히 문을 열고 나가 버렸다.

남은 사람들은 그 사람은 왜 그렇게 했을까를 깨닫게 되었다.

그 사람은, 초청을 받지 않았는데도 잘못 알고 나와 있던 사람이 창피한 마음에 어쩔 줄 모르게 될 것을 염려하여 자신이 나갔던 것이다.

아버지의 유산

예루살렘에서 멀리 떨어진 곳에 살고 있는 어떤 현명한 유대 인 부자가, 자기 아들을 예루살렘에 있는 학교에 유학시켰다.

그런데, 아들이 예루살렘의 학교에서 공부하고 있는 사이에 그 부자는 중병에 걸려 죽음을 맞이하게 되었다.

주인의 곁에 앉은 하인은 걱정스러운 얼굴로 주인에게 말하였다.

"나으리, 예루살렘으로 공부를 하러 가신 도련님을 오시라고 사람을 보낼까요?"

그러자 부자는 고개를 저었다.

"이제는 늦었다. 지금 부르러 가도 내가 죽은 다음에야 아들이 올 수 있다. 그러니 내가 죽은 다음에 아들에게 전할 유서를 써야겠다."

죽기 전에는 아들을 못 볼 것 같아 그는 정신을 겨우 차리고 유서를 쓰기 시작하였다.

사실, 부자는 며칠 동안 이 유서를 어떻게 써야 할지를 생각하고 있었다. 그 부자의 유서는 매우 간단하였고, 또 하인을 깜짝 놀라게 하는 내용이었다.

유서의 내용은 다음과 같았다.

나의 모든 재산을 하인에게 물려준다. 그리고 내 아들에게는 아들이 원하는 것 한 가지만을 물려준다.

하인이 놀라지 않을 수 없는 내용이었다.

이 유서를 쓰고 부자는 며칠 후에 세상을 떠났다.

그 하인은 자기에게 행운이 돌아왔음을 기뻐하며 예루살렘으로 떠나기로 하였다. 그는 떠나기 전에 자기가 물려받은 재산이 축나지 않게 잘 보관을 하고 길을 떠났다. 며칠 뒤, 그 하인은 주인 아들에게 가서 유서를 보여 주며 부친이 돌아가셨다고 전하였다.

아들은 매우 놀라고 크게 슬퍼하였다.

아들은 또 아버지를 원망하였다. 하지만 곧 집으로 돌아와서 아버지의 장례를 치렀다.

아버지의 장례를 마친 아들은 앞으로 어떻게 하면 좋을 것인가를 곰곰이 생각한 끝에 아버지와 친하게 지내던 랍비를 찾아갔다. 그 랍비는 지혜롭고 총명하고 판단력이 뛰어난 사람이었다.

아들은 아버지가 자기에게 남긴 유서에 대하여 설명을 하였다.

"랍비님, 아버지는 어째서 저에게 그 많던 재산을 한푼도 남겨 주시지 않았을까요? 지금껏 나는 아버지를 실망시킨 적이 없는데요."

아들이 불평을 하면서 돌아가신 아버지를 원망하자, 랍비는 빙그레 웃으면서 대답하였다.

"천만에, 그렇지 않소. 당신 부친께서는 매우 현명한 분으로 당신을 진심으로 사랑하셨소. 이 유서를 살펴보면 부친의 마음을 잘 알 수가 있소."

랍비의 말에 아들은 어이없는 표정을 지으며,

"아버지는 하인에게 모든 재산을 물려주고 자식에게는 아무것도 남겨 주시지 않았습니다. 자식에 대한 애정이라고는 조금도 없는 분이 한 어리석은 행동으로밖에는 생각되지 않습니다."

하고 울먹이듯이 말하였다.

"당신도 부친과 같이 현명하게 머리를 써야 하오. 당신이 부친의 참 뜻을 이해한다면, 당신에게 훌륭한 유산을 남긴 것을 알 수 있을 것이오."

"그러면 랍비께서도 아버님의 결정이 잘한 일이라고 생각하십니까?"

"내 말을 들어 보시오. 아버님께서 세상을 떠나실 때, 당신은 집에 없었지요?"

"그렇습니다. 저는 예루살렘에 있었습니다."

랍비는 부드러운 미소를 지으며 말하였다.

"당신의 부친은 운명할 때 당신이 집에 없었기 때문에, 하인이 재산을 가지고 도망치거나, 재산을 다 탕진해 버리거나, 심지어는 자기의 죽음마저도 당신에게 전하지 않을 것을 염려하여 모든 재산을 하인에게 준다고 하신 것이오. 모든 재산을 하인에게 주게 되면, 그는 기뻐서 당신에게 달려가 그런 사실을 알릴 것이고, 재산도 소중하게 간직할 것이라고 생각하신 것이오."

그러나 아들은 길게 한숨을 내쉬면서 말하였다.

"랍비님, 그런 것이 제게 무슨 소용이 있습니까? 저는 아버님의 유서에 의하면 한푼도 받을 수가 없는데요."

그러자 랍비는 답답하다는 듯이 말하였다.

"역시 젊은 사람이라 지혜가 모자라는군요. 지금 당신 집의 재산은 한푼도 축이 나지 않고 고스란히 남아 있지요?"

"그렇습니다."

"당신은 하인이 그 재산을 잘 보관한 이유를 알고 있소?"

"그거야 자기가 물려받은 재산이니까 당연히 잘 지킨 것이지요."

"맞소. 아버님께서는 하인이 재산을 잘 지키도록 하기 위하여 모든 재산을 하인에게 물려준 것이오."

"그게 저에게 무슨 이익이 있다는 말씀이신지요?"

"아버님 유서에서 당신이 차지할 몫은 무엇인가요?"

"저에게는 제가 바라는 것을 단 한 가지만 주겠다고 하셨습니다."

"그래도 아직 모르겠소? 아버님은 당신에게 모든 재산은 물론 하인까지도 물려주신 것이오."

"자세히 말씀해 주십시오."

"하인의 재산은 전부 주인에게 속한다는 사실을 당신은 모르오? 당신의 부친께서는 당신이 원하는 것 한 가지만은 당신에게 물려준다고 분명히 말씀하셨소. 그러니까 당신이 그 하인을 소유한다고 하면 그것으로 모든 재산은 당신의 것이오. 이 얼마나 현명하고 애정이 깊은 생각이오."

뒤늦게 아버지의 참뜻을 깨달은 젊은이는 아버지의 지혜에 머리가 저절로 숙여졌다.

젊은이는 랍비가 가르쳐 준 대로 한 뒤, 하인은 해방시켜 주었다.

그 후, 젊은이는 항상 '역시 나이 많은 사람의 지혜는 따라갈 수가 없다.'고 말하였다.

잃어버린 돈

'어떻게 하면 좋을까?'

상인 한 사람이 생각에 잠겨 있었다.

이 상인은 먼 지방에서 이 도시로 물건을 사러 왔다. 막상 와 보니 며칠만 있으면 이 곳에서 대할인 판매가 있다는 것이었다.

이왕 물건을 사러 온 길이라 며칠만 기다리면 싸게 살 수 있었다. 그런데 그 때까지 가지고 온 돈을 보관하는 것이 문제였다. 세상에는 도둑이 많았기 때문이었다.

상인은 이대로 돈을 가지고 있는 것은 위험한 일이라고 생각하였다.

곰곰이 연구한 끝에 그 상인은 아주 좋은 방법을 생각해 내었다.

"좋아, 그렇게 하면 아주 안전할 거야."

이렇게 중얼거린 상인은 돈 자루를 짊어지고 나가서 사람들이 지나다니지 않는 아주 조용한 곳에 땅을 파고 묻었다.

상인은 마음을 놓고 여관에서 잠을 자고, 다음 날 돈을 파묻은 곳에 가 땅을 파 보았더니 아무것도 없는 것이었다.

돈이 하늘로 날아갔는지 땅으로 꺼졌는지 감쪽같이 없어져 버렸다.

"아, 누가 훔쳐갔구나! 이걸 어쩌나?"

상인은 사방을 휘둘러보았다. 그런데 어제는 미처 보지 못한 외딴집이 멀리 한 채 보였다.

'아무래도 저 집이 수상하다.'

이렇게 생각한 상인은 그 쪽으로 다가갔다. 그리고 돈 파묻은 쪽을 향한 벽을 자세히 살펴보았다. 그랬더니 구멍이 하나 뚫어져 있었다.

"옳아, 이 구멍으로 내다보고 내가 무엇을 파묻는 것을 알았구나."

그러나 상인은 아무 내색도 하지 않고 그 집 대문 앞으로 갔다.

"주인 계십니까?"

그러자 잠시 후에 수염을 기른 텁석부리 노인이 나왔다.

"무슨 일입니까?"

"다름이 아니라 노인께 한 가지 의논드릴 일이 있어 왔습니다."

"그렇습니까? 어쨌든 안으로 들어오시지요!"

노인은 상인이 돈을 파묻고 간 사람이라는 것을 전혀 모르고 있었다. 왜냐하면, 이 집에서 돈을 묻은 곳까지는 거리가 멀어서 사람의 얼굴을 알아보기는 매우 힘들었기 때문이다.

상인이 주인을 따라 안으로 들어갔을 때 주인이 물었다.

"나한테 무엇을 의논할 것이 있다는 말이오?"

"저는 시골에 사는 장사꾼입니다. 노인께서는 도시에 살고 계시니까 생각이 더 뛰어나실 것 같아, 좋은 지혜를 빌릴 수 있을까 하여 찾아 왔습니다."

상인은 시골에서 많은 돈을 가지고 이 도시로 물건을 사러 왔다는 말을 하고, 이 곳의 할인 판매 때 물건을 사기 위하여 돈을 가지고 있다는 것을 말하였다. 그리고 나서 넌지시 덧붙였다.

"내가 가지고 온 돈은 5백 개의 은돈이 들어 있는 돈 자루와 8백 개의 은돈이 들어 있는 돈 자루 두 개입니다. 나는 은돈 5백 개가 들어 있는 돈 자루는 은밀한 장소에 묻어 두었습니다. 그러나 큰 돈 자루는 아직도 그대로 가지고 있는데 마음이 놓이지 않습니다. 노인께서는 그걸 어떻게 하는 것이 좋다고 생각하십니까? 큰 돈 자루도 먼저 묻어 둔 곳에 두는 것이 좋을까요? 아니면 노인같이 믿을 만한 분께 맡겨 두는 것이 좋을까요?"

이 말을 들은 주인은 이렇게 대답하였다.

"내가 당신이라면 나는 어떤 사람도 믿지 않겠소. 차라리 작은 돈 자루를 묻은 그 곳에 같이 묻어 두겠소."

욕심 많은 노인은 큰 돈 자루까지 욕심이 났던 것이다.

"감사합니다. 그러면 노인께서 가르쳐 주신 대로 하겠습니다."

상인은 고맙다는 인사를 하고 그 집을 나왔다. 그리고는 멀리 가는 척하다가 다시 숨어서 노인이 하는 행동을 감시하였다.

과연, 그 노인은 훔쳐왔던 돈 자루를 갖다가 파냈던 그 곳에 다시 묻고 있었다.

노인이 돌아간 뒤, 상인은 얼른 가서 잃어버렸던 돈 자루를 파내어 가지고 돌아갔다.

8백 개의 은돈이 들어 있다는 돈 자루는 상인이 만들어낸 거짓말이었다.

벌거벗은 임금님

마음씨가 아주 착한 부자가 있었다.

그는 자기가 데리고 있던 노예를 기쁘게 해 주려고 결심을 하였다.

그래서 많은 물건을 배에 실어 주면서 어디든지 좋은 곳을 찾아가, 물건을 팔아서 부디 행복하게 살라고 하며 해방시켜 주었다.

노예의 기쁨은 이루 말로 표현할 수 없었다.

노예의 배가 마침내 넓은 바다로 나아갔을 때, 배는 심한 폭풍우를 만나 침몰하고 말았다. 배에 가득 실었던 물건도 몽땅 바다 밑에 가라앉고 말았다.

노예는 간신히 몸 하나만 살아남아 죽을 힘을 다해 헤엄쳐서 가까운 섬에 도착하였다.

그러나 주인이 준 모든 물건을 다 잃은 노예는 몹시 괴로워하며 슬픔에 빠져 있었다.

그러나 이대로 있다가는 굶어 죽을 것 같았다.

그는 섬 안을 얼마 동안인가 헤매다가 큰 마을에 도착하였다.

노예는 옷을 하나도 걸치지 않은 알몸인 채였다. 그런데 그가 마을에 이르자 마을 사람들이 모두 나와 그를 맞이하며 환호성을 질렀다.

"임금님 만세!"

"맞아, 바로 우리의 임금님이 오셨어!"

마을 사람들은 소리를 지르며 그를 임금으로 추대하였다.

노예는 호화스런 궁전에 살게 되었고 전혀 생각지도 못한 임금까지 되자, 아무래도 꿈속에 있는 것만 같다는 생각이 들었다.

"이게 혹시 꿈이 아닐까?"

그는 다리를 꼬집어 보았으나, 정말 꿈은 아니었다.

그는 아무래도 믿어지지가 않아서 가까이 있는 사람에게 물었다.

"도대체 어찌 된 일인지 말해 주시오. 나는 여기에 돈 한푼 없이 맨몸으로 왔는데 갑자기 내가 왕이 되다니……. 어찌 된 영문이지요?"

그러자 그 사람이 대답하였다.

"우리는 살아 있는 인간이 아니라 사람의 영혼입니다. 그래서 일년에 한 번씩 살아 있는 인간이 이 섬으로 찾아와서 우리의 왕이 되어 주기를 바라고 있는 것입니다."

임금이 된 노예는 멍청하게 그 사람이 하는 말을 듣고만 있을 수밖에 없었다.

그 사람은 다시 말을 이었다.

"그렇지만 조심하셔야 합니다. 임금님께서도 1년이 지나게 되면 이 섬에서 쫓겨나 생물도 없고 먹을 것도 없는 죽음의 섬에 버려져 혼자 있게 될 것이니까요."

노예는 깜짝 놀라 급하게 물었다.

"죽음의 섬이라니, 그 곳은 어디입니까?"

"별로 멀지는 않습니다."

임금이 된 노예는 그 사람에게 고맙다는 인사를 하였다.

"정말로 고맙소. 그렇다면 지금부터라도 1년 뒤를 대비해 나는 여러 가지 준비를 해야겠소."

그래서 임금이 된 노예는 사막과 같은 죽음의 섬으로 가서, 꽃도 심고 과일 나무도 심었다. 그리고 우물도 파서 먹을 물이 충분하게 하는 등, 1년 후의 일에 대비하는 일을 착착 진행하였다.

드디어 1년이 지나자, 그는 예상하였던 대로 그 행복한 섬에서 쫓겨났다.

지금까지 호화스러운 생활을 하던 임금이었지만, 그는 그가 이 섬에 표류해 도착했을 때와 똑같이 알몸의 신세가 되어 죽음의 섬으로 떠날 수밖에 없었다.

그런데 그가 사막처럼 황폐했던 섬에 도착하여 보니, 온갖 꽃이 피어 있고 탐스러운 과일이 주렁주렁 열린 살기 좋은 땅이 되어 있었다.

그리고 그보다 먼저 그 섬으로 쫓겨온 사람들이 모두 나와서 그를 반갑게 맞아 주었다.

그리하여 그는 그 사람들과 함께 그 섬에서 행복하게 살아갈 수 있었다.

잘한 일은 잘한 일

마차가 큰길을 달려가고 있었다.

마차에 탄 손님들은 잘 달리는 마차에 탄 것이 기분이 좋았다. 그런데 잘 달리던 마차가 갑자기 우뚝 멈추어 섰다.

"무슨 일이오?"

손님들이 내다보며 물었다.

"큰 나무가 바람에 뿌리째 뽑혀 길에 쓰러져 있습니다. 그래서 마차가 가지 못하고 있습니다."

손님들은 모두 마차에서 내려 어떻게 할 것인가를 생각하였다. 길을 가로막고 있는 나무는 너무 커서 웬만한 힘으로는 옮길 수가 없을 것 같았다.

이렇게 사람들이 걱정만 하고 있는데, 이번에는 또 한 대의 마차가 맞은편에서 달려왔다.

그 마차도 나무가 쓰러진 곳에 와서는 멈추지 않을 수 없었다.

그러자 그 마차에서 키가 후리후리하게 크고 가슴이 떡 벌어진 한 사나이가 내렸다. 그 사람은 아무 말도 하지 않고 나무를 번쩍 들더니 길 옆으로 치워 버렸다.

"오, 대단하군요!"

"정말 수고하셨습니다."

사람들은 모두 그를 칭찬하였다.

그런데 그 중 한 사람은 고맙게 생각하기는커녕 못마땅하다는 듯이 중얼거렸다.

"잘한 일이기는 하지만 머리를 쓰지 않고 기운으로 해결하다니……."

희 망

유명한 랍비 아키바가 여행을 하고 있었다.

그는 작은 램프를 하나 가지고, 당나귀와 개를 길동무삼아 데리고 길을 가고 있었다.

날이 저물어 어둠이 깔렸다.

아키바는 하룻밤 묵을 곳을 찾아 두리번거리다가 헛간 한 채를 발견하였다.

"하는 수 없지. 저 곳에서라도 하룻밤을 지낼 수밖에!"

그는 그 헛간에서 잠을 자기로 하였다.

아직 잠을 자기에는 이른 시간이어서 그는 램프에 불을 붙여 놓고 책을 읽기 시작하였다. 그 때 갑자기 바람이 불어 램프의 불이 꺼졌다.

아키바는 하는 수 없이 일찍 자기 위하여 잠을 청하였다.

그런데 아키바가 자고 있는 동안에 여우가 그의 개를 물어가 버렸다.

그뿐만 아니라, 이번에는 사자가 와서 그의 당나귀마저 죽여 버렸다.

아침이 되자, 그는 할 수 없이 오직 하나 남은 램프를 들고 혼자 길을 떠나 어떤 마을에 도착하였는데, 그 마을에는 사람이라고는 그림자도 찾아볼 수가 없고 죽은 듯이 고요하였다.

아키바는 마침 그 앞을 지나가는 사람에게 물었다.

"이 마을에는 왜 사람이라고는 그림자도 보이지 않습니까?"

그 사람은 아키바를 바라보며 대답하였다.

"당신은 모르고 계시는군요. 어젯밤에 도둑 떼가 이 마을에 들이닥쳐 집을 모두 부숴 버리고, 마을 사람들을 하나도 남기지 않고 모두 죽여 버렸습니다. 정말 끔찍한 일이었습니다."

아키바는 이 말을 듣자 온몸에 소름이 쫙 끼쳤다.

그는 이런 생각을 하였다.

'만일 램프가 바람에 꺼지지 않았다면, 나도 도둑들에게 들켰을 것이다. 그리고 만일 개가 살아 있었다면, 개가 짖어 대어 도둑들이 몰려왔을 것이다. 또 당나귀도 역시 놀라서 소란을 피웠을 것이 분명하고, 그랬다면 나도 죽음을 당했을 것이다.'

결국 그는 그가 가지고 있던 모든 것을 잃어버린 덕분에 살아남을 수 있었다.

몸과 정신

옛날 어느 나라에 한 임금이 있었다.

이 임금에게는 아주 맛이 신기한 복숭아가 달리는 나무가 한 그루 있었다. 어찌나 맛이 좋은지 그 맛은 하늘나라의 맛 같았다.

임금은 이 과일 나무를 지킬 사람을 뽑기로 하였다.

"온몸이 멀쩡한 사람을 고용하면 그 놈들은 복숭아가 탐이 나서 몰래 따먹을 수도 있겠지……."

이렇게 궁리하던 끝에 한 가지 좋은 생각이 떠올랐다.

맹인이라면 복숭아가 어디에 달려 있는지 보이지 않으니까 따먹을 염려가 없을 거라는 생각이었다. 그러나 맹인만 경비병으로 있다는 것을 알면 다른 사람이 몰래 들어와 복숭아를 따먹어도 모른다는 데에 생각이 미쳤다.

여기에 걷지 못하는 사람을 한 명 더 고용하려는 것이 임금의 생각이었다.

걷지 못한다면 나무에 기어오를 수 없으니까 복숭아를 도둑맞을 염려가 없을 것이라고 임금은 생각하였다.

그런데 경비원으로 고용된 맹인과 걷지 못하는 사람은 마음이 과히 좋지 않은 사람들이었다. 나쁜 마음을 먹은 두 사람은 곧 의견을 합하여 복숭아를 따먹기로 하였다.

맹인이 걷지 못하는 사람을 어깨 위에 올려놓고, 그 사람은 맹인에게 방향을 가르쳐 주었다.

이렇게 해서 두 사람은 맛있는 복숭아를 실컷 따먹을 수가 있었다.

다음 날, 임금은 복숭아가 많이 없어진 것을 알고 화가 잔뜩 났다.

"저 두 놈을 잡아다가 누가 따먹었는가를 조사해 보아라."

맹인과 걷지 못하는 사람이 임금 앞에 끌려와서 엎드렸다. 임금은 무서운 목소리로 먼저 맹인에게 물었다.

"네놈이 복숭아를 따먹었느냐?"

맹인은 시치미를 떼고 대답하였다.

"임금님, 보시다시피 저는 앞을 못 보는 장님입니다. 과일이 어디에 달렸는지 전혀 알 수가 없는데 어떻게 따먹을 수 있겠습니까?"

임금은 이번에는 걷지 못하는 사람에게 소리를 쳤다.

"그렇다면 네놈이 따먹었지?"

그러자 그 사람이 눈물을 뚝뚝 흘리면서 대답하였다.

"임금님, 물론 저는 과일이 어디에 달려 있는지는 알고 있습니다. 그러나 저는 나무에 매달리지도 못하는 불구자입니다. 어떻게 나무에 올라가 임금님의 과일을 훔쳐 먹을 수 있겠습니까?"

임금은 두 사람의 말을 믿지 않았지만 그들을 처벌할 수는 없었다.

정확한 답

여객선을 타고 두 친구가 여행을 하고 있었다. 두 사람은 갑판에 나와 바람을 쐬며 이런저런 이야기를 나누고 있었다.

그러다가 한 친구가 다른 친구에게 물었다.

"로슈아, 이 배의 길이는 150미터이고 너비는 60미터나 되거든. 그런데 이 배의 선장은 나이가 몇 살쯤 된다고 생각하나?"

하고 마치 산수 문제를 내는 것처럼 물었다.

로슈아라는 친구는 고개를 갸우뚱하다가 말하였다.

"좀 까다로운 문제로군. 한 시간쯤 생각할 여유를 주겠나?"

"좋아!"

한 시간쯤 지난 뒤에 로슈아는 친구를 찾아와 자신 있게 대답하였다.

"여보게, 선장의 나이는 쉰 살이 틀림없네."

친구는 의심스럽다는 듯이 물었다.

"자네는 어떻게 셈을 하였나?"

로슈아는 빙그레 웃으면서 대답하였다.

"셈은 무슨 셈을 어떻게 했겠나? 나는 선장에게 물어 봤다네!"

무언극

로마의 황제가 이스라엘의 가장 현명한 랍비와 친하게 지내고 있었다.

그들이 그렇게 친하게 지내는 것은 마음이 통하기도 해서였지만, 더 특별한 이유는 두 사람의 생일이 같기 때문이었다.

두 나라의 관계가 별로 좋지 않을 때에도 두 사람은 항상 친한 사이로 지내고 있었다. 그러나 황제와 랍비가 친구라는 사실은 두 나라 사람의 나쁜 감정으로 보아 별로 좋은 일은 아니었다.

그래서 황제는 항상 랍비에게 무엇인가를 보내며 간접적으로 그의 의견을 물어 봐야 하였다.

어느 날, 황제는 신하를 랍비에게 보내며 편지로 다음과 같은 내용을 물었다.

나는 이룩하고 싶은 것이 두 가지 있소. 첫째는 내가 죽으면 아들을 왕위에 오르게 하고 싶은 것이고, 두 번째는 '티베리우스'라는 도시를 자유 무역 도시로 만들고 싶은 것이오. 나는 이 두 가지 중에서 하나밖에 달성할 자신이 없소. 이 두 가지를 한꺼번에 이룩할 길은 없겠소?

당시 두 나라는 관계가 몹시 험악한 상태에 있었기 때문에, 황제의 이 질문을 이스라엘의 랍비가 대답해 주었다는 사실이 알려지면 국민들에게 나쁜 영향을 끼칠 것은 말할 필요도 없었다.

그래서 랍비는 황제의 질문에 답장을 써 보내지 않았다.

신하가 돌아오자 황제가 물었다.

"내 편지를 받고 랍비가 어떤 행동을 취하던가?"

하인은 본 대로 설명을 하였다.

"랍비는 편지를 읽어 본 다음, 자기 아들을 어깨 위에 올려놓고 비둘기를 아들에게 주어 하늘로 날려 보내게 하였습니다. 그 밖에는 아무 일도 하지 않았습니다."

황제는 랍비가 자기에게 말하는 바가 무엇인지 알 수 있었다.

그것은,

"우선 왕위를 아들에게 물려주고, 그 아들로 하여금 자유 무역의 세금을 자율화하도록 하면 됩니다."

라는 뜻이었다.

다음에 또 황제의 편지를 가지고 신하가 랍비를 찾아왔다. 황제의 편지 내용은 이러하였다.

> 우리 정부의 대신들이 내 마음을 괴롭히고 있습니다. 어떻게 하면 좋겠습니까?

랍비는 또 무언극을 하였다.

그는 뜰에 있는 밭에 나가 채소 한 포기를 뽑아 가지고 돌아왔다. 그리고 잠시 후에 다시 밭에 나가 한 포기를 뽑고, 또 잠시 후에 한 포기를 뽑아 가지고 들어왔다.

신하는 황제에게 돌아와서 랍비가 한 무언극에 대하여 말해 주었다.

황제는 랍비의 뜻을 알아차릴 수 있었다.

그것은,

"황제는 황제의 적들을 한꺼번에 멸망시키려고 하지 마십시오. 몇 번에 나누어 한 사람 한 사람씩 뿌리를 뽑으십시오."

하는 내용이었다.

세 친구

해가 지고 날이 어두워졌다.

그 때 누군가가 대문을 급히 두드리는 소리가 들렸다.

"누구세요?"

집주인이 안에서 외쳤다.

"어서 문을 여시오. 나는 임금님의 심부름꾼이오!"

"임금님의 심부름꾼이라고?"

주인은 문 밖에서 들려오는 이 말에 얼른 나가서 문을 열었다. 대문 밖에는 임금님의 심부름꾼이라는 사람이 두 눈을 부릅뜨고 서 있었다.

"어서 안으로 들어오십시오!"

그러자 심부름꾼은 들어올 생각도 하지 않고 퉁명스럽게 말하였다.

"임금님께서 당신을 곧 불러오라는 분부가 계셨소."

주인은 겁에 질린 소리로 물었다.

"임금님께서 무슨 일로 저를 불러오라고 하십니까?"

"그건 나도 모르오!"

"저는 임금님 앞에 불려갈 만한 잘못을 저지른 적이 없습니다."

그 심부름꾼은 화가 난 듯 내뱉었다.

"나는 그런 일을 알 필요가 없소. 나는 임금님의 명령을 전할 뿐이니 다음 일은 당신이 알아서 하시오."

말을 마친 심부름꾼은 더 들을 필요가 없다는 듯이 가 버렸다.

집주인 사나이는 걱정스럽기 짝이 없었다. 임금님이 상이라도 주려고 오라는 명령을 내릴 리가 없었기 때문이다.

그렇다고 자기가 잘못한 일도 없었다.

"어쨌든 혼자서는 겁이 나서 절대로 갈 수 없단 말이야!"

사나이는 자기와 함께 대궐로 가 줄 사람이 없을까 생각해 보았다.

"참, 그렇구나!"

그는 자신의 친구가 생각났다.

그에게는 세 명의 친구가 있었다. 그 중에서도 그는 첫 번째 친구를 가장 소중하게 생각하고 있었다. 그 친구는 자기를 끔찍이 위하여 주며, 자기도 그의 말이라면 거절한 적이 없었다.

그 다음 친구도 사랑하고는 있지만 첫 번째 친구보다는 못하였다.

세 번째 친구는 친구라고 생각은 하고 있었지만, 앞의 두 친구보다는 좀 덜 친하다고 생각하고 있었다.

사나이는 첫 번째 친구를 만나러 갔다.

"자네, 이 밤중에 무슨 일인가?"

첫 번째 친구가 묻자, 사나이는 친구의 손을 잡으며 걱정스러운 투로 말하였다.

"큰일났네. 지금 임금님께서 나를 대궐로 부르셨네."

"그래? 무슨 일인가?"

"이유는 모르겠네. 하지만 좋은 일로 오라는 건 아닌 것 같네. 그래서 자네를 찾아왔다네."

친구는 금방 태도가 달라졌다.

"나보고 대신 들어가라는 말은 아니겠지?"

"그야 물론이지. 그냥 나와 같이 들어가 주었으면 해서……. 혼자서는 겁이 나서 못 들어가겠어."

친구는 잠시 생각하다가 냉정하게 말하였다.

"나는 같이 들어갈 수 없네."

한마디로 친구의 부탁을 거절해 버리고 만 것이다.

"왜, 무슨 까닭이라도 있나?"

"이유는 무슨 이유인가? 공연히 나까지 임금님께 벌을 받을 것이 뻔하지 않은가?"

사나이는 할 수 없이 두 번째 친구를 찾아갔다. 그리고는 친구에게 사정 이야기를 다 하고 나서,

"자네는 나와 함께 가 줄 수 있겠나?"

하고 초조하게 친구의 대답을 기다렸다.

친구는 한참 생각한 후에 선심이라도 쓰듯 이렇게 대답하였다.

"자네가 같이 가자고 하는데 거절할 수야 없지. 그렇다면 대궐 성문 앞까지는 같이 가겠네. 하지만 더 이상은 들어갈 수 없네."

사나이는 두 번째 친구에게서도 실망을 하고 발길을 돌렸다.

이제는 자기가 대수롭지 않게 생각하였던 세 번째 친구를 찾아가지 않을 수 없었다.

"내가 철석같이 믿고 있던 두 친구가 가지 않겠다고 하는데, 그 친구야 말할 필요도 없겠지. 하지만 일단 찾아가서 말은 해봐야겠다."

사나이는 힘없이 세 번째 친구를 찾아가 대문을 두드렸다.

"누구요?"

하는 소리와 함께 친구가 문을 열며 나왔다.

친구는 대문 밖에 서 있는 사람을 보더니 사나이를 반갑게 맞이하였다.

"아니, 자네 무슨 일이 있었나? 왜 그렇게 침울해 있나?"

사나이는 친구를 따라 안으로 들어가 사정 이야기를 하였다. 그리고 첫 번째 친구와 두 번째 친구를 찾아가 사정 이야기를 하였다가 거절당한 이야기까지 모두 말하였다.

그러자 친구는,

"염려하지 말게. 자네가 임금님에게 벌을 받을 만큼 나쁜 짓을 하지 않았다는 것은 내가 잘 알아. 내가 임금님께 잘 말씀드려 자네가 죄를 지었더라도 용서받을 수 있도록 노력하겠네. 자, 우물거릴 시간이 없지 않은가? 빨리 나와 같이 대궐로 가세!"

하고 말하였다.

탈무드에서는 이 세 명의 친구를 세 가지의 비유로 말하고 있다.

첫 번째 친구는 '재산'이다.

사람들은 세상을 살아가는 동안 재물을 가장 소중하게 생각한다. 그러나 그것은 살아 있을 동안만 가지고 있을 수 있으며, 죽은 후에는 하나도 가지고 갈 수가 없다.

그러니까 임금님(죽음)한테는 함께 갈 수 없다는 것이다.

두 번째 친구는 '친척'을 비유한 것이다.

사람이 죽었을 때 친척들은 장례식까지는 따라가기는 하지만 장례식이 끝난 다음에는 무덤 속에 죽은 사람만 남겨 놓고 떠날 수밖에 없다.

성문이 그 무덤을 의미한다.

마지막으로 임금님에게까지 같이 가 주겠다고 한 친구는 바로 '착한 행실'이다.

사람이 살아 있을 동안에는 그 착한 행실이 별로 눈에 뜨이지 않지만, 그 사람이 죽은 뒤에는 오래도록 남는 법이다.

솔로몬 왕의 재판

솔로몬 왕은 지금으로부터 약 3천 년 전에 살았던 이스라엘의 3대 왕으로 지혜가 많기로 유명하였다.

그 솔로몬 왕 때의 이야기이다.

안식일에 세 명의 유대 인이 예루살렘으로 찾아왔다.

그들은 물건을 사다가 팔기 위한 상인들이라 모두 많은 돈을 가지고 있었다.

그런데 당시에는 은행이라는 것이 없어서, 세 사람은 의논한 끝에 가지고 있던 돈을 함께 땅에 묻었다. 돈을 가지고 있다가는 도둑에게 빼앗기거나 잃어버릴 염려가 있었기 때문이다.

그런데 그들 중 한 사람이 몰래, 땅 속에 묻어 놓은 돈을 모두 꺼내어 다른 곳에다 감추어 버렸다.

다음 날, 세 사람이 함께 가 보니 돈은 이미 감쪽같이 없어진 뒤였다.

"이게 누구의 짓인가?"

"그건 내가 물어 볼 말이야."

세 사람은 제각기 다른 사람을 의심하였으나, 범인이 누구인지 알 도리가 없었다.

그러나 돈을 파묻은 것을 아는 사람은 세 사람뿐이기 때문에 틀림없이 범인은 그들 가운데 있는 것이다.

생각다 못하여 세 사람은 지혜롭고 총명하기로 널리 알려진 솔로몬 왕을 찾아가, 세 사람 가운데 누가 그 돈을 훔쳤는지를 밝혀 달라고 하였다.

그러자 솔로몬 왕은 잠시 궁리를 하다가 엉뚱한 말을 꺼내었다.

"너희들 세 사람은 아주 현명해 보이는구나! 그러니 우선 내가 판결에 곤란을 겪고 있는 어려운 문제를 먼저 풀어 주면 내가 너희들의 문제를 해결해 주겠다."

그러면서 다음과 같은 이야기를 들려주었다.

어떤 아름다운 처녀가 한 젊은이와 결혼하기로 약속을 하였다.

그런데 그 처녀는 얼마 후 다른 남자와 사랑을 하게 되어, 약혼자를 찾아가 헤어지자고 말하였다.

그 처녀는 약혼자에게 위자료를 지불하겠다고 자청하였다. 위자료란 서로의 약속을 어긴 사람이 정신적인 피해를 당한 상대방에게 주는 돈을 말하는 것이다.

"나는 위자료 같은 것은 필요가 없소. 당신이 원한다면 약혼을 취소해 주겠소."

그래서 처녀는 원하는 남자와 결혼을 할 수 있게 되었다.

그런데 그 처녀는 남보다 많은 돈을 가지고 있었기 때문에 어떤 노인한테 유괴를 당하고 말았다.

처녀는 노인에게,

"나는 약혼했던 남자한테 파혼을 요청했습니다. 그 남자는 위자료도 받지 않고 나의 부탁을 들어주었어요. 그러니 노인께서도 그 사람처럼 나를 자유롭게 풀어 주세요."

라고 사정을 하였다.

그랬더니 노인은 깊이 생각을 하더니 그녀의 말대로 몸값을 받지 않고 처녀를 풀어 주었다.

이야기는 여기서 끝났다.

솔로몬 왕은 세 사람에게 물었다.

"이 사람들 가운데서 가장 칭찬받을 만한 행동을 한 사람은 누구이겠는가?"

첫 번째 사나이가 대답하였다.

"처녀와 약혼까지 했으면서도 파혼을 허락해 주고 위자료도 받지 않은 남자가 칭찬을 받아 마땅합니다."

솔로몬 왕이 물었다.

"그건 무슨 이유에선가?"

"예, 그것은 그 남자는 처녀의 뜻을 무시하면서까지 억지로 결혼하려고 하지 않았을 뿐만 아니라, 처녀가 준다는 위자료도 받지 않았기 때문입니다."

그러자 두 번째 사나이가 말하였다.

"아닙니다. 그 처녀야말로 칭찬을 받아야 합니다."

"무슨 이유에선가?"

"예, 그 처녀는 용기를 내어 약혼자에게 파혼을 요구했고, 진정으로 자기가 사랑하고 있는 남자와 결혼을 했습니다. 이것이야말로 칭찬을 받아 마땅한 행동입니다."

이번에는 세 번째 사나이가 입을 열었다.

"이 이야기는 너무 뒤죽박죽이어서, 저는 도무지 이해를 할 수가 없습니다. 먼저 처녀를 납치한 노인은 돈 때문에 그녀를 납치했는데 돈도 받지 않고 풀어 주다니, 말도 안되는 이야기입니다."

그러자 솔로몬 왕은 갑자기 호통을 치며 말하였다.

"이놈! 네가 바로 돈을 훔친 놈이구나. 여봐라, 이놈이 사실을 말할 때까지 매우 쳐라!"

세 번째 사나이는 끌려가면서 소리쳤다.

"임금님께서는 어찌하여 저를 범인이라고 생각하십니까?"

"잘 듣거라. 다른 두 사람은 내 이야기를 듣고, 사랑이나 처녀와 약혼자 사이에 놓여 있는 인간 관계와 그 사이에 얽혀 있는 긴장된 분위기에 마음을 쏟고 있었는데, 네놈은 돈에 대한 것밖에는 생각하고 있지 않았다. 그러니 틀림없이 네가 범인이다!"

세 번째 사나이는 곧 무릎을 꿇고 솔로몬 왕 앞에 머리를 숙였다.

"제가 한때 눈이 어두워 친구의 돈을 훔쳤습니다. 부디 용서해 주시기 바랍니다."

선과 악

하나님께서 만드신 사람의 첫 조상은 아담이다. 이 아담과 하와의 후손들은 크게 불어나 이 지구상에 널리 흩어져 살게 되었다.

그들 중에는 농사를 짓는 사람도 있었고, 사냥을 하며 살아가는 사람도 있었고, 장사를 하는 사람도 생기게 되었다.

정말 여러 가지 직업을 가진 수많은 사람들이 살게 되었다. 그들은 무리를 지어 제각기 크고 작은 마을을 이루고 살았다.

그런데 사람들이 자꾸 늘어나게 되자, 서로 잘먹고 잘살아야겠다는 욕심이 생겨 서로 싸우기도 하고 죽이는 일마저 흔하게 되었다.

하나님은 이렇게 악해지기만 하는 사람들로 많은 고민을 하였다.

"이거 큰일이군. 세상이 평화로워지지는 않고 이렇게 악해져 가기만 하니 이를 어찌할까?"

하나님은 날이 갈수록 흉악해지기만 하는 사람들을 보며, 차라리 이 세상을 만들지 않았더라면 좋았을 뻔하였다는 후회까지 하게 되었다.

그리고는 보다 못하여 한 가지 결심을 하게 되었다.

"차라리 세상을 깨끗이 씻어 버려야겠군. 악해지기만 하는 사람은 물

론이고 공중을 나는 새나 짐승, 그리고 벌레에 이르기까지 모두 없앤
다음 새로운 세상을 꾸미는 수밖에 없어."

이렇게 작정한 하나님은 이 다음 세상을 맡길 만한 착한 사람으로 노
아라는 사람을 골랐다.

노아는 마음이 착하고 욕심이 없었으며 남을 해치지 않고, 오직 하나
님을 공경하고 하나님의 말씀을 가장 소중하게 생각하는 사람이었다.

"노아야, 내가 이제 큰 비를 내려 이 세상을 물로 쓸어 버리겠다. 그
러나 너와 너의 가족만은 살아남게 해 주겠다. 그러니 너는 서둘러서
잣나무로 커다랗고 네모난 방주(배) 한 척을 만들어라."

노아는 두려움에 떨면서 하나님의 말씀을 들었다. 하나님은 다시 노
아에게 말하였다.

"장마는 오래 갈 것이다. 배 안에는 일 년 동안 먹을 양식을 실어야
한다. 그리고 땅 위에 살고 있는 모든 짐승들도 한 쌍씩 배로 들어가
게 하여라."

노아는 하나님의 명령대로 아주 큰 방주를 만들기 시작하였다.

"저 노인은 미친 것 아니야? 산꼭대기에다 저런 배를 만들다니……."

사람들은 노아가 하는 일을 보고 어리석다고 놀려 대었다. 그러나 노
아는 묵묵히 방주를 만들었다.

드디어 방주가 완성되었다.

노아는 이 세상에 있는 모든 생물을 한 쌍씩 태우기 시작하였다.

이 때 선(착함)도 물에 빠져 죽지 않으려고 달려왔다.

"저도 태워 주세요."

선이 노아에게 말하자 노아는 머리를 저었다.

"안 된다. 너는 짝이 없지 않으냐? 짝이 없는 것은 태울 수 없다."

선은 무슨 일이 있어도 방주에 타기 위하여, 숲으로 들어가 자기와

짝이 되어 방주에 탈 수 있는 상대를 구하려고 하였다.

숲 속에는 마침 악(악함)이 웅크리고 있었다.

시간이 급하였다. 노아가 방주의 문을 닫을 시간이 다가온 것이었다. 그러면 40일 밤낮으로 비가 내려 세상은 멸망하게 되어 있었다.

선은 할 수 없이 악에게 말하였다.

"얘, 악아! 너는 나와 원수지간이긴 하지만 할 수 없구나. 나와 짝이 되어 노아의 방주를 타자."

선과 악이 같이 오는 것을 보고서야 노아는 그들을 태워 주었다.

이때부터 선과 악은 짝이 되어, 선이 있는 곳에는 반드시 악이 있게 되었다는 이야기이다.

거 울

한 사나이가 랍비에게 질문을 하였다.

"랍비님, 아무리 생각해도 모를 일이 있습니다."

"무슨 일인지 말씀해 보십시오."

그 사나이가 말하였다.

"랍비님, 가난한 사람들은 힘이 자라는 데까지 서로 도와가며 살아갑니다. 하지만 부자들은 여유가 있어서 더욱 도와줄 수 있다고 생각하는데 사실은 그렇지 않으니 어찌 된 일입니까?"

"부자들이 남을 도와줄 줄 모른다는 말씀이군요."

"예, 그렇습니다."

그러자 랍비는 창문을 가리키며 사나이를 향하여 말하였다.

"잠깐 창문 밖을 보십시오. 밖에 무엇이 보입니까?"

때마침 창문 밖에는 우락부락하게 생긴 사람이 어린아이의 손을 잡고 걸어가는 광경이 보였다.

그리고 그 뒤로는 시장으로 들어가려는 마차 한 대가 보였다.

창문 밖에 보이는 대로 사나이가 말하였다.

"그럼, 이번에는 벽에 걸린 이 거울을 보십시오. 무엇이 보입니까?"

사나이는 거울을 들여다보다가 대답하였다.

"제 얼굴 외에는 보이는 것이 없군요."

그 때서야 랍비가 말하였다.

"바로 그것입니다. 창문이나 거울은 다 똑같은 유리로 되어 있습니다. 그렇지만 은칠을 하면 자기의 모습밖에 볼 수 없는 이유와 마찬가지인 것입니다."

공 로 자

탈무드에는 '혀'에 대한 이야기가 꽤 많이 나온다.

혀를 잘못 놀리다가는 선량한 사람을 억울하게 죽게 만드는 경우도 있고, 자칫 잘못하다가는 자신도 망신을 당하는 경우가 많다.

또 혀를 잘못 놀려 집안이 망하고 재산을 탕진하는 경우도 많아, 탈무드에서는 특히 '혀'를 조심하라고 이르고 있다.

어떤 임금이 있었는데 병이 들었다.

그런데 의사는, 세상에서 보기 드물게 망측한 병이어서 임금에게 암사자의 젖을 먹여야만 낫는다고 말하였다.

그러나 어떻게 암사자의 젖을 구하느냐 하는 것이 큰 문제였다.

그런데 어떤 영리한 젊은이가 한 가지 꾀를 내었다.

그는 사자가 살고 있는 동굴 가까이에 가서 새끼사자를 모두 붙잡았다가 한 마리씩 어미사자에게 넣어 주었다.

열흘쯤 지나자, 그는 어미사자와 친해지게 되었다. 그래서 그는 임금의 병을 고칠 수 있는 사자의 젖을 조금씩이나마 짜낼 수가 있었다.

그것을 가지고 대궐로 향한 젊은이는 너무도 피곤하여 도중에 잠깐 잠이 들었다.

그런데 그는 자기 몸의 각 부분이 서로 말다툼을 하고 있는 꿈을 꾸었다. 그것은 몸 중에서 어느 부분이 가장 중요한 일을 맡고 있는가에 대한 언쟁이었다.

먼저 발이 말하였다.

"내가 아니었다면 사자가 있는 동굴까지 절대 갈 수 없었을 거야."

그러자 눈도 지지 않고 말하였다.

"천만에! 내가 없었다면 앞을 볼 수가 없어서 아예 그 곳까지 가는 건 생각도 못했을 거야."

심장이 기세 좋게 말하였다.

"무슨 소리야? 내가 아니었다면 어떻게 감히 사자 가까이에 갈 수 있었겠니?"

이 말을 듣고 있던 혀가 얼른 나서서 말하였다.

"아무리 너희가 잘났다고 주장을 해도 내가 말을 할 수 없었다면, 너희의 주장은 아무런 소용도 없는 거야!"

그러자 몸의 각 부분들이 모두 나서서,

"흥, 뼈도 없고 아무 쓸모도 없는 조그만 것이 건방지게 까불지 마!" 하고 윽박지르자 혀는 그만 아무 말도 하지 못하였다.

젖을 구한 젊은이가 대궐에 도착할 무렵, 혀가 말하였다.

"이제 우리들 중 누가 제일 중요한지 너희에게 가르쳐 주겠다."

젊은이가 임금 앞에 나가 엎드려 젖을 내놓자 임금이 물었다.

"이것이 무슨 짐승의 젖이냐?"

그러자 젊은이의 입에서 엉뚱한 대답이 튀어나왔다.

"이것은 개의 젖이옵니다."

"뭐라고?"

임금은 천둥같이 화가 치밀어올랐다.

그러자 조금 전까지 혀를 윽박지르고 몰아세우던 신체의 각 부분들은 그 때서야 혀의 힘이 얼마나 크고 무서운 것인가를 깨닫고, 혀에게 사과를 하였다.

사과를 받아낸 혀는 다시 말하였다.

"아닙니다. 제가 잘못 말했습니다. 이것은 틀림없는 사자의 젖입니다. 빨리 드십시오."

임금은 그 젖을 마시고 병이 완쾌되었다.

맹인과 우유

눈이 보이는 사람과 앞을 못 보는 사람이 다방에 들어갔다.

눈이 보이는 사람이 맹인에게 말하였다.

"자네 뭘 마시겠나? 우유를 마시겠나?"

맹인이 고개를 갸우뚱거렸다.

"우유라니, 어떻게 생긴 건가?"

"우유는 빛깔이 흰 물이라네."

눈이 보이는 사람이 말하였다.

"흰 빛이라니, 어떻게 생긴 거지?"

"여보게, 자네 백조를 알고 있지? 그 백조의 빛깔처럼 희다네."

"그래? 그런데 백조란 어떤 새지?"

"백조란 목이 길고 구부러진 새야."

맹인이 다시 물었다.

"구부러지다니, 그건 무슨 말인가?"

눈이 보이는 사람은 성실하게 대답해 주었다.

"여보게, 내가 팔을 굽혀 볼 테니까 그걸 만져 보게."

맹인은 친구의 굽힌 팔을 만져 보고 나서 무릎을 탁 쳤다.

"아! 이제 우유라는 걸 알겠네."

작별 인사

한 사람이 여행을 하고 있었다.

그런데 너무나도 긴 여행이라 몸도 지쳤고 마음도 지쳤다. 더구나 식량도 떨어져 배는 고프고 목도 말랐다.

나그네는 사막을 오랫동안 걸어서야 간신히 나무가 자라고 있는 오아시스에 도착할 수 있었다.

"아, 이젠 살았다!"

그 사람은 완전히 지친 몸을 시원한 나무 그늘에서 쉬었다. 그리고 맛있는 과일과 시원한 물로 주린 배를 채우고 갈증을 푼 다음, 편히 쉴 수 있었다.

한참 후에 그 사람은 다시 길을 떠나야 하였다. 그래서 그는 떠나면서 나무에게 작별 인사를 하였다.

"나무야, 정말 고맙구나. 이 고마움을 말로는 다 표현할 수가 없구나. 네 열매가 맛있게 되라고 빌고 싶어도 너는 이미 맛있는 열매를 맺고 있구나. 또 시원한 나무 그늘을 가질 만큼 네 잎사귀가 무성해지기를 빌고 싶어도 너는 이미 충분히 무성하구나. 그리고 네가 충분히 자라도록 물이 있기를 빌고 싶어도 이 곳에는 물이 충분히 있구나. 그러니 너를 위하여 축복해 줄 수 있는 것은 다만, 네게 열매가 많이 달려 그 열매로 많은 나무가 태어나 자라서 너처럼 아름답고 훌륭한 나무들이 되기만을 빌 수밖에 없구나."

피장파장

기차가 달리고 있었다.

기차 안의 한 자리에 장교 한 사람과 유대 인이 마주 앉아 있었다. 두 사람은 말없이 앉아 바깥의 경치를 구경하고 있었다.

그러다가 지루해진 유대 인이 주머니에서 담뱃갑을 꺼내어 담배 한 개비를 입에 물었다. 그리고 다시 주머니를 뒤져 성냥을 켜려고 하였다.

이 때 장교는 갑자기 유대 인이 물고 있는 담배를 빼앗아 창밖으로 던져 버렸다.

유대 인이 화를 버럭 내었다.

"이게 무슨 짓이오?"

그러자 장교는 나무라는 듯이 말하였다.

"여보시오, 차 안에서는 담배를 피우지 못하게 되어 있다는 것을 모르시오?"

"하지만 나는 아직 담배에 불을 붙이지도 않았소."

이 말에 장교는 조금도 거리낌없이 말하였다.

"예비 행위도 안 됩니다."

유대 인은 기분이 안 좋았지만 아무 말도 하지 않고 있었다.

두 사람은 다시 말없이 앉아 있었다. 얼마가 지난 뒤에 장교는 신문을 꺼내었다. 그러자 이번에는 유대 인이 신문을 낚아채 창밖으로 던져 버렸다.

그러자 장교가 화를 버럭 내면서 소리쳤다.

"여보시오. 장교에게 이런 무례한 짓을 하는 당신을 용서할 수 없소."

장교는 허리에 찬 권총을 뽑으려 하였다.

그러나 유대 인은 조금도 당황하지 않고 말하였다.

"차 안에서 뒤를 보는 일은 금지되어 있다는 것을 모르십니까?"

장교는 더욱 화가 나서 얼굴이 시뻘겋게 되었다.

"내가 언제 뒤를 보려 했단 말이오?"

"예비 행위도 금지되어 있다는 걸 아셔야 합니다."

장교는 아까 자기가 한 행동을 생각하고는 아무 말도 하지 못하였다.

진짜 장사꾼

어느 마을에 조그만 가게를 경영하고 있는 사람이 있었다.

그런데 어느 날 그 상인은 과로로 쓰러지고 말았다.

왕진을 온 의사는 이렇게 말하였다.

"영양 실조에다 과로가 겹쳐 이미 늦었습니다."

가족들은 근심에 싸였다. 그러나 어떻게 손을 쓸 도리도 없이 그저 죽기만을 기다리는 급한 처지에 놓이고 말았다.

아버지는 눈을 감은 채 헐떡이고만 있었다. 가족들은 모두 머리맡에 모여 앉아 아버지의 얼굴을 들여다보고 있었다.

이윽고 아버지는 눈을 뜨고 힘없는 목소리로 물었다.

"어머니는 어디 있느냐?"

부인이 슬픔에 젖은 목소리로 말하였다.

"여보, 나 여기 있어요. 제발 빨리 일어나세요."

아버지는 쓴웃음을 지으며 다시 눈을 감고 말하였다.

"아들아, 너는 어디 있니?"

아들은 두 눈에서 눈물을 펑펑 쏟으며 대답하였다.

"아버지, 저도 여기 있습니다."

"딸은 어디 있지?"

"저 여기 있어요, 아버지!"

딸은 아버지의 손을 꼭 잡으며 애처롭게 외쳤다.

그러자 지금까지 다 죽어가던 아버지가 갑자기 큰 소리로 꾸짖었다.

"너희가 다 여기에 와 있으면 가게는 누가 본다는 말이냐?"

가정과 평화

메이어라는 랍비가 있었다.

이 랍비는 설교를 매우 잘하는 것으로 소문이 나 있었다.

그는 매주 금요일 밤이면 예배당에 가서 설교를 하였다. 그리고 많은 사람들이 그의 설교를 들으려고 찾아왔다.

많은 사람들 중에 메이어의 설교를 아주 좋아하는 여인이 있었다.

유대 인 여인들은 금요일 밤이면 다음 날인 안식일에 먹을 음식을 장만하여야 하였으나, 이 여인은 메이어의 설교를 들으러 갔다.

메이어는 그 날 꽤 오랫동안 설교를 하였다.

그 여인은 좋은 설교를 듣고 즐거운 마음으로 집으로 돌아갔다.

그런데 집 앞에 그 여인의 남편이 나와 서 있었다.

"내일이 안식일인데 음식도 만들어 놓지 않고 무얼 하는 거야?"

남편은 다짜고짜 화를 내었다.

"도대체 어디를 갔다 오는 거야?"

그 여인은 남편이 화를 내자 어쩔 줄을 모르며 대답하였다.

"예배당에서 메이어 랍비님의 설교를 듣고 왔어요."

남편은 화가 치밀 대로 치밀어 거칠게 말하였다.

"가서 그 랍비의 얼굴에 침을 뱉고 오기 전에는 집에 들어오지 못해!"

사람의 얼굴에 침을 뱉는다는 것은 가장 큰 모욕을 주는 행동이었다. 그런데 자기가 제일 존경하는 랍비에게 어떻게 침을 뱉을 수가 있을까?

"잘못했어요. 앞으로는 그런 일이 없도록 할 테니까 이번만 용서해 주세요."

"안 돼! 절대로 용서할 수 없어."

남편은 이렇게 말하고서 문을 쾅 닫고 들어가 버렸다.

남편에게 쫓겨난 아내는 하는 수 없이 친구의 집에 가서 며칠 머물렀다. 그 곳밖에는 달리 갈 곳이 없었다.

이 소문은 곧 랍비 메이어의 귀에 들어갔다.

그는 남편의 횡포를 나무라기 보다는, 자기의 설교가 너무 길었기 때문에 한 가정의 평화가 깨어졌다는 것에 대해 후회를 하였다.

그리고 한 가지 방법을 생각해 내어 그 여인을 찾아갔다.

"나는 눈이 매우 아픕니다."

메이어가 그 여인에게 말하였다.

"침으로 씻으면 약이 된다는데 당신이 좀 씻어 주겠습니까?"

"그렇게 하겠습니다."

이리하여 여인은 랍비의 눈에 침을 뱉게 되었다.

그러자 제자들이 메이어에게 물었다.

"랍비님께서는 덕망이 높으신 분인데 어찌 여자가 얼굴에 침을 뱉도록 하셨습니까?"

메이어는 빙그레 웃으며 대답하였다.

"가정의 평화를 위해서는 그보다 더한 일이라도 해야 하네."

강한 자의 약속

사자의 목구멍에 뼈가 걸렸다.

사자는 온갖 방법을 다 썼는데도 목구멍의 뼈는 빠지지 않았다.

"얘들아, 누구든지 내 목구멍에 걸린 뼈를 빼 주면 상을 주겠다."

사자는 이렇게 외치면서 돌아다녔다.

그러나 선뜻 사자의 목구멍에 걸린 뼈를 빼 주려는 짐승이 없었다.

사자는 짐승의 왕이었다. 모든 것을 자기 마음 내키는 대로 하는 사자이기 때문에 그 약속을 지키지 않는다 하여도 어찌할 도리가 없었다.

"누구든지 와서 뼈를 좀 빼 다오. 나는 약속을 꼭 지키겠다."

사자가 고통 속에서 헤매고 있는데, 높은 나무 위에 앉아 있던 학 한 마리가 사자가 외치는 소리를 들었다.

'내가 그 뼈를 빼 주고 상을 받아야지.'

학은 가만히 생각해 보았다.

'숲 속의 왕인 사자가 주는 상이니까 보나마나 굉장한 것일 거야.'

이렇게 생각한 학은 나무에서 내려와 사자에게 물었다.

"사자님, 목에 걸린 뼈를 빼 드리면 상으로 무엇을 주실 겁니까?"

사자는 학을 쳐다보며 물었다.

"네가 그렇게 해 줄 수 있겠니?"

"그럼요, 저는 목이 기니까 충분히 할 수 있어요."

"그렇구나. 그럼 얼른 빼 다오. 목이 아파 죽을 지경이다."

학은 그래도 확인을 하고 싶었다.

"어떤 상을 주실 건지 알고 싶어요."

"나는 숲 속의 왕이야. 분명히 큰 상을 줄 테니 빨리 내려오너라."

"좋아요."

학은 사자 앞으로 푸드득 날아 내려왔다.

"자, 사자님! 입을 크게 벌리세요."

사자는 학이 하라는 대로 크게 입을 벌렸다.

그러자 학은 긴 목을 사자의 입 속에 넣어, 목구멍에 걸린 가시를 꺼내 주었다.

"아! 이제야 살겠군."

사자는 목구멍이 괜찮아지자 학에게는 고맙다는 말도 한마디 하지 않고 어슬렁거리며 가기 시작하였다.

그것을 보고 학이 한마디 하였다.

"사자님, 저한테 주시기로 한 상은 주고 가셔야지요."

이 말을 듣자 사자는 눈을 부릅떴다.

"너는 참 미련한 새로구나."

"미련하다고요?"

"그렇지 않으냐? 네가 그 긴 목을 내 입에다 집어넣고도 죽지 않은 것이 다행인 줄 알아라."

"……."

학이 어이가 없어 말을 못하자 사자는 다시 뽐내듯이 말하였다.

"네가 내 목구멍에 목을 집어넣었을 때, 내가 입을 꾹 다물어 버리기만 해도 너는 죽었을 것이다. 그런데도 그냥 살려 준 것을 상이라고 생각해라."

학은 더 할 말이 없어 날아가면서 중얼거렸다.

"앞으로 나는 나보다 힘센 짐승하고는 절대 약속하지 않을 거야."

세 가지 현명한 행동

예루살렘에 사는 부자 한 사람이 여행을 하는 도중에 병에 걸렸다.

그는 자기가 살아날 가망이 없다는 것을 짐작하고 여관 주인을 불러 이렇게 말하였다.

"나는 곧 죽을 것 같습니다. 내가 죽었다는 소식을 듣고 내 아들이 찾아오면 소지품을 전해 주시기 바랍니다."

여관 주인은 안됐다는 듯 말하였다.

"그냥 주기만 하면 됩니까?"

"아닙니다. 내 아들이 세 가지 현명한 행동을 해야만 물건을 내주시오. 나는 여행을 떠날 때 이미 말해 두었지요. 유산을 상속받기 위해서는 세 가지 현명한 행동을 해야만 한다고요."

부자가 가진 돈은 엄청나게 많았다.

그리고 여관 주인도 아주 착한 사람이라 그의 말대로 하기로 하였다.

그 부자가 죽자, 여관 주인은 아들에게 아버지의 죽음을 전해 주었다.

소식을 전해 들은 아들은 아버지가 돌아가셨다는 마을로 찾아왔다. 아들은 아버지가 죽은 여관을 모르고 있었다.

그것은 아버지가 여관을 알려 주지 말라고 미리 말해 두었기 때문이다. 그래서 아들은 자기 스스로 여관을 찾아야만 하였다.

아들은 곰곰 생각하다가 한 가지 꾀를 내었다.

그 마을에 이르렀을 때, 그는 지나가는 나무 장수를 불러 세우고 시치미를 떼고 말하였다.

"그 나무를 제가 사겠습니다. 그런데 그 나무를 예루살렘에서 온 여행자가 죽은 여관에 배달해 주세요."

"예, 그렇게 하겠습니다."

아들은 그 나무 장수의 뒤를 따라 여관에 도착할 수 있었다.

"나는 나무를 산 일이 없소."

여관 주인이 말하자 나무 장수가 말하였다.

"내 뒤에 따라오시는 분이 나무를 여관으로 배달해 달라고 했습니다. 이 여관에서 예루살렘의 부자가 죽었다는 소문이 파다하더군요. 맞지요?"

이것이 그 아들의 첫 번째 현명한 행동이었다.

"잘 찾아오셨소."

여관 주인은 아들을 기쁘게 맞이한 다음, 마침 저녁식사 때가 되어 다섯 마리의 비둘기 요리와 한 마리의 닭고기 요리를 내왔다.

식탁에는 여관 주인과 아내, 주인의 두 아들과 두 딸, 그리고 부자의 아들, 이렇게 일곱 사람이 앉았다.

주인이 부자의 아들에게 이렇게 말하였다.

"자, 이 음식을 모두에게 나누어 주십시오."

그러자 아들은 사양하였다.

"아닙니다. 이건 주인께서 나누어 주셔야지요."

그래도 주인은 계속 고집을 부렸다.

"아닙니다. 손님이 좋을 대로 나누어 주십시오."

부자의 아들은 주인의 요청대로 음식을 나누어 담기 시작하였다.

먼저 비둘기 한 마리를 두 아들에게 주었다.

그리고 또 한 마리는 두 딸에게 주었다. 또 한 마리는 주인 부부에게 주고 나머지 두 마리는 자기 접시에 담았다.

그것이 아들의 두 번째 현명한 일이었다.

이 광경을 본 주인은 마음이 매우 상하였지만 말은 하지 않았다.

다음은 닭고기를 나눌 차례였다.

아들은 먼저 닭의 머리를 떼어 주인 부부에게 주었다. 그리고 두 다리는 두 아들에게 주고, 두 날개는 두 딸에게 나누어 주었다. 나머지 몸통은 자기의 접시에 담았다.

이것은 아들의 세 번째 현명한 행동이었다.

드디어 화가 난 주인이 목소리를 높였다.

"당신이 비둘기를 나눌 때까지 나는 가만히 보고만 있었소. 그런데 닭고기를 나누어 주는 걸 보니 도저히 참을 수 없소. 당신네 고향에서는 이렇게 합니까?"

그러자 예루살렘에서 온 부자의 아들은 이렇게 대답하였다.

"나는 처음부터 음식 나누는 일은 하고 싶지 않았습니다. 하지만 주인이 부탁하는 것을 거절하지 못해, 최선을 다해 나눈 것입니다."

"그럼 이렇게 공평하지 못하게 나눈 이유를 이야기해 보시오."

"좋습니다. 주인과 안주인과 비둘기 한 마리면 셋이지요?"

여관 주인은 머리를 끄덕였다.

"그렇군요."

"두 아드님과 비둘기 한 마리면 또 셋이 되지 않습니까?"

"역시 맞습니다."

"그리고 두 따님과 비둘기 한 마리면 또 셋이 되지 않습니까? 이것보다 더 공평한 분배가 어디 있습니까?"

주인은 듣고 보니 그럴듯한 말이라 여기에 대하여 할 말이 없었다.

"그럼 닭고기는 왜 그렇게 불공평하게 나누었지요?"

아들은 빙그레 웃으며 대답하였다.

"주인 내외분께서는 이 집안의 어른이시지요?"

"그렇습니다만……."

"그래서 저는 주인 내외분에게 머리를 드린 것입니다. 또 두 아드님은 이 집안의 기둥이라서 두 다리를 드렸습니다. 그리고 두 따님은 머지않아 시집을 가실 것이라 두 날개를 드렸지요."

주인은 얼굴을 찡그리며 다시 물었다.

"그럼 당신은 무슨 이유로 몸통을 가졌습니까?"

"저는 배를 타고 왔습니다. 그리고 또 배를 타고 가야 할 사람입니다. 그래서 배와 비슷한 몸통을 가진 것입니다."

주인은 그 때서야 활짝 밝게 웃으면서 머리를 끄덕였다.

"당신은 당신의 돌아가신 아버지께서 말씀하신 세 가지 현명한 행동을 했습니다. 그럼 이제 아버지가 나에게 맡겨 두신 유산을 당신에게 드리겠습니다."

자 선

흔히 사람들은 남을 돕기 위해 돈을 쓰면 자기 돈을 잃어버린 것으로 생각하고 있지만, 사실은 그렇다고만 할 수는 없다. 실제로는 돈을 쓰면 쓴 만큼 다시 돌아오기 때문이다.

자선을 위하여 돈을 쓰면 그 쓴 만큼 다시 되돌아온다는 말을 하게 될 때, 꼭 들려주는 이야기로 탈무드에 다음과 같은 이야기가 있다.

어느 지방에 아주 큰 규모의 농장이 있었는데, 그 농장 주인은 예루살렘 근처에서는 남에게 가장 인정을 잘 베푸는 농부로 존경받고 있었다.

주위에 있는 가난한 사람에게는 물론이며, 해마다 찾아오는 랍비들에게도 아끼지 않고 후하게 대접하였다.

그 농부는 큰 과수원과 목장을 가지고 있었다.

그런데 어느 해에 몹시 심한 폭풍우를 만나 과수원에 달렸던 과일들이 모두 떨어지고 말았다.

그뿐만이 아니었다. 전염병까지 번져 그 사람이 키우던 양과 소 등 가축들도 모두 죽고 말았다.

하루아침에 이렇게 망하자, 그 농부에게 돈을 꾸어 주었던 사람들이 몰려들어 그의 나머지 재산을 모두 빼앗아 버렸다.

이제 농부에게는 작은 농토 하나만 남게 되었다.

"어쩌다 이렇게 되었을까?"

다른 사람들이 동정심에 젖어서 말하였다. 그러면 농부는 태연자약한 얼굴로 웃으면서 말하였다.

"하나님께서 주신 것을 하나님이 찾아가신 것인데 어쩔 수 없지요."

농장 주인이 망해 버린 그 해에도 언제나처럼 랍비들이 찾아왔다. 랍비들은 그 많던 재산을 모두 잃어버린 농장 주인을 위로하였다.

"그처럼 부자였던 당신이 이렇게 되다니 믿을 수 없군요."

랍비의 말을 들은 농부의 아내는 남편에게 이렇게 말하였다.

"여보, 우리 부부는 이제까지 해마다 랍비님들을 통해서 학교를 세워 주거나 예배당의 유지 비용을 내놓았잖아요. 그리고 가난한 사람이나 노인들에게도 많은 돈을 내놓았는데, 올해는 아무것도 내놓을 게 없으니 정말 부끄럽습니다. 그렇다고 저 분들을 그냥 가시게 한다면 정말 섭섭한 일이에요."

"그러면 어떻게 하면 좋겠소?"

농부의 말에 아내는 이렇게 말하였다.

"어쨌든 랍비님들을 빈손으로 돌아가시게 할 수는 없어요."

농부 부부는 남아 있는 자투리땅의 절반을 팔아서 헌금하고 나머지 땅을 일구어 농사를 짓기로 결심하였다.

농부가 랍비에게 말하였다.

"비록 얼마 되지는 않지만 가지고 있는 땅의 절반을 팔아 자선금으로 내겠습니다."

이 말을 들은 랍비들은 무척 놀라서 물었다.

"그러면 앞으로 어떻게 살아 나갈 작정이십니까?"

농부는 즐거운 마음으로 대답하였다.

"그 대신 남은 절반의 땅을 좀더 부지런히 가꾸고 일하면 됩니다."

그 뒤 농부는 절반만 남아 있는 자투리땅만으로 농사를 지었다.

어느 날, 소에 쟁기를 메워 밭을 갈고 있었는데, 피곤에 지쳤는지 밭을 갈던 소가 갑자기 쓰러졌다. 그런데 가만히 보니까 큰 돌에 걸린 것 같았다.

농부는 흙탕에 쓰러진 소를 끌어 내고 괭이로 돌을 파내려고 하였다. 그런데 놀랍게도 그것은 돌이 아니라 보물 상자였다.

농부는 그 보물을 팔아 다시 옛날처럼 큰 농장을 경영하게 되었다.

다음 해에도 랍비들은 또 농부를 찾아왔다.

랍비들은 아직도 농부가 가난하고 어렵게 살고 있을 것이라 믿고 있었다. 그래서 이번에는 자선금은 받을 생각도 하지 않고, 오히려 도와줄 생각을 하고 지난해에 농부가 살던 오두막집으로 찾아갔다.

그런데 오두막집은 텅 비어 있고, 부부의 모습은 보이지 않았다.

"두 사람이 먹고살기 힘들어서 다른 곳으로 떠난 것이 아닐까?"

랍비들은 이렇게 생각하다가 지나가는 한 농부에게 물었다.

"이 곳에서 살던 농부 가족이 어디로 간 줄 아십니까?"

그러자 그 농부가 말하였다.

"그 부부는 여기에 살지 않습니다. 저쪽의 큰 집에서 살고 있습니다."

랍비들은 그 집을 찾아갔다.

거기에는 과연 그 농부가 잘살 때보다도 더 큰 농장과 과수원이 있었고, 집도 크고 화려하였다.

"이게 어찌 된 일입니까?"

랍비가 놀라서 묻자, 농부는 지난 1년 동안 겪은 일들을 자세히 들려주었다.

결국 남을 위하여 자선을 베풀면, 그 복은 반드시 돌아온다고 말하며 랍비들은 기뻐하였다.

조미료

어느 안식일 오후, 로마의 황제가 친한 랍비의 집을 방문하였다.

황제는 사전에 아무런 연락도 없이 갑자기 찾아갔지만 그 곳에서 매우 즐거운 시간을 보낼 수 있었다.

식사는 매우 맛이 있었다. 그리고 식탁 둘레에서는 사람들이 소리를 맞추어 노래를 부르고, 또 탈무드에 나오는 이야기를 하였다.

황제는 매우 기뻐하며 다음 수요일에 다시 오겠다고 말하였다.

약속한 수요일이 되자 황제가 찾아왔다.

랍비의 식구들은 미리 준비하고 기다리고 있었기 때문인지 제일 좋은 그릇에다 좋은 음식을 담았고, 지난번에는 쉬고 있던 하인들이 줄을 지어 음식을 날랐다.

요리사도 없이 차가운 음식만을 내놓았던 지난번과는 달리 따뜻한 요리가 나왔다.

황제가 말하였다.

"식사는 토요일 것이 맛있었다. 그 토요일에 먹은 음식에는 어떤 것을 넣었었지?"

랍비가 웃으면서 대답하였다.

"폐하께서는 그 조미료를 구하지 못하십니다."

황제는 이 말을 듣자 당치도 않다는 듯이 말하였다.

"천만에! 나, 로마 황제는 세상의 어떤 조미료라도 구할 수 있다."

그러자 랍비는 머리를 숙이며 공손하게 말하였다.

"폐하, 폐하께서는 아무리 로마의 황제라 하시지만 그것만은 못 구하십니다. 그것은 바로 유대 인의 안식일이라는 조미료입니다."

옳은 것의 차이

알렉산더 대왕은 마케도니아의 임금이다.

알렉산더 대왕은 기원전 338년에 스무 살의 젊은 나이로 왕의 자리에 올랐다.

그는 지금의 그리스를 비롯하여 이집트, 터키, 이란, 이라크, 아프가니스탄을 통합하는 큰 나라를 건설하였다.

이 세력이 팽창하고 있을 무렵, 알렉산더 대왕이 군사를 거느리고 이스라엘에 왔을 때의 일이다.

유대 인들이 알렉산더 대왕을 맞이하여 이렇게 물었다.

"대왕께서는 우리나라에 오셔서 원하는 것이 무엇입니까? 우리가 가지고 있는 금과 은이 필요하십니까?"

그러자 알렉산더 대왕은 머리를 저으면서,

"금과 은 같은 보화는 내게 얼마든지 있으니 그런 것은 조금도 탐나지 않소. 다만 당신들 유대 인들의 전통과 습관, 그리고 당신들이 생각하고 있는 정의는 어떤 것인지 알고 싶소."

하고 말하였다.

사실, 알렉산더 대왕이 알고 싶어하는 이런 것들은 한마디로 말할 수는 없는 것들이었다.

여러 날이 지났을 때에야 이 문제에 대하여 설명할 수 있는 좋은 일이 일어났다.

어느 날, 두 명의 유대 인 사나이가 어떤 일을 상담하기 위하여 랍비를 찾아왔다.

"랍비님, 저희 두 사람 사이에 아주 풀기 힘든 일이 일어났습니다. 그래서 랍비님이 판단해 주셨으면 해서 찾아왔습니다."

"무슨 일인지 말해 보시오."

한 사람이 먼저 이야기를 시작하였다.

"저는 이 사람에게서 넝마더미를 아주 싼 값에 샀습니다. 그런데 그 넝마 속에서 아주 많은 금화가 발견되었습니다."

랍비는 흥미 있게 들었다.

"어서 말해 보시오."

"그래서 저는 이 친구에게 나는 넝마를 산 것이지, 금화까지 산 것은 아니라고……. 따라서 이 금화는 마땅히 당신 것이오……."

랍비는 그 사람이 무슨 말을 하려는지 금방 알 수가 있었다.

"알겠습니다. 그러니 그 넝마 속에 섞여 있던 그 금화를 그 친구더러 가져가라는 말입니까?"

"예, 그렇습니다."

그러자 넝마를 판 사람이 말하였다.

"랍비님, 제 생각은 이 친구와 다릅니다. 제가 이 친구에게 판 것은 넝마더미 전부입니다. 그러니 그 속에 무엇이 들어 있든지 모두 이 친구의 것입니다. 그러니 금화도 이 친구의 것이 분명합니다!"

랍비는 머리를 끄덕였다.

"당신의 말도 틀리지는 않습니다."

"그러니 랍비님께서 올바른 판단을 내려 주시기 바랍니다."

그러자 랍비는 한참 생각에 잠겨 있다가 이렇게 물었다.

"두 분 중 어느 분에게 딸이 있습니까?"

한 사람이 대답하였다.

"예, 저에게 딸이 있습니다."

랍비는 또 한 사람에게 물었다.

"당신에게 아들이 있습니까?"

"예, 저에게 아들이 있습니다."

이 말을 들은 랍비는 만족한 얼굴로 말하였다.

"그것 참 잘되었습니다. 당신들에게는 각기 딸과 아들이 있으니, 그 두 사람을 서로 결혼시켜 부부로 만드십시오. 그런 다음 넝마더미에서 나온 그 금화를 그들 부부에게 물려주는 것이 옳은 일일 것 같소."

"고맙습니다, 랍비님."

두 사람은 랍비의 말에 감사를 하며 물러갔다.

이런 일이 있은 뒤에 그 랍비는 알렉산더 대왕을 찾아갔다.

"우리 유대 인들이 생각하고 있는 올바름이란 바로 이런 것입니다."

랍비는 넝마더미에서 나온 금화에 대한 이야기를 해 주었다.

그리고 나서 이렇게 물었다.

"대왕 마마, 대왕의 나라에서는 이런 경우에 처했을 때 어떤 판결을 내리십니까?"

그러자 알렉산더 대왕은 아주 간단하게 대답하였다.

"이런 경우에 우리나라에서는 두 사람을 다 죽이고 금화는 내가 갖소. 나에게는 이런 것이 올바름이오."

헛된 꿈

어떤 마을에 한 처녀가 살고 있었다.

처녀는 우유를 짜서 통에 넣어 머리에 이고 시장을 향하여 갔다. 처녀는 걸어가면서 여러 가지 궁리를 하였다.

"우유를 팔아서 무엇을 살까?"

곰곰이 생각하니 문득 한 가지 사실이 떠올랐다.

"참, 계란을 사야지! 계란으로 병아리를 까서 키우면 큰 닭이 될 거야. 그러면 그걸 팔아서 염소 새끼를 사야지. 염소는 아무 풀이나 잘 먹고 병도 걸리지 않으니까 기르기가 쉬울 거야."

여기까지 생각한 처녀의 얼굴에는 웃음이 떠올랐다. 생각만 하여도 즐겁고 행복하였다.

"염소가 크면 그 염소를 팔아서 무엇을 살까? 옳지, 돼지 새끼를 사야겠다. 돼지는 무럭무럭 잘 크니까 키워서 팔아야지. 그 돈으로 무엇을 살까? 그래, 아주 예쁘고 아름다운 옷을 사야지. 화려한 옷을 입고 동네에 나가면 모두들 깜짝 놀랄 거야. 얼마나 아름다울까?"

처녀는 생각만 하여도 가슴이 두근거렸다.

"그러면 동네의 젊은이들이 앞을 다투어 나하고 춤을 추자고 할 거야. 그러면 어떻게 하지? 어른같이 춤을 출까? 하지만 처음부터 얼른 손을 내밀면 나를 얕볼 거야. 처음에는 싫다고 해야지. 옳아, 어림도 없어. 누가 처음부터 춤을 출 줄 알고? 흥, 싫단 말이야."

이렇게 생각하며 처녀는 머리를 흔들었다. 자기도 모르게 생각에 빠져 머리를 흔든 것이다. 우유통을 머리에 인 채 고개를 흔든 것이다.

우유가 가득 든 통은 처녀의 머리 위에서 땅바닥으로 굴러 떨어지고 말았다.

통 속의 우유는 모두 쏟아져 버리고, 처녀의 화려했던 꿈도 깨어져 버리고 말았다.

날개의 사용법

하나님이 처음 새나 짐승들을 만들기 시작할 때의 이야기이다.

새는 그 때 날개가 없었다. 그래서 새는 하나님에게로 가서 불평을 하였다.

"하나님, 뱀은 독을 가지고 있습니다. 사자는 날카로운 이빨과 강한 발톱을 가지고 있습니다. 어디 그것뿐입니까? 말은 뒷발이 있습니다. 하지만 저에게는 아무것도 없습니다. 저는 어떻게 해야 적으로부터 공격을 당하지 않게 됩니까?"

"네 말을 듣고 보니 그럴 듯하기도 하구나."

하나님은 한참 궁리한 끝에 새에게 깃과 날개를 달아 주었다.

그러나 얼마 후에 새는 되돌아와서 불평을 늘어놓았다.

"날개는 아무 쓸모가 없는 것이어서 무거운 짐만 될 뿐입니다. 날개를 몸에 달고 있기 때문에 전처럼 빨리 달릴 수가 없습니다."

"어리석은 새야……."

하나님이 말하였다.

"너는 네 몸에 있는 날개를 사용해 볼 생각을 하지 못했느냐?"

"어떻게 쓰는 것인지 제가 어찌 알 수 있습니까?"

하나님은 부드럽게 말하였다.

"너에게 두 개의 날개를 달아 준 것은 무거운 짐으로 짊어지고 걸으라고 한 것이 아니라, 그 날개를 이용하여 하늘 높이 날아서 너를 공격하는 짐승으로부터 자유롭게 도망치라고 준 것이다."

가는 방향

한 사람이 여행을 하고 있었다.

그는 샤티마지 마을까지 가야 하는데, 처음 가는 길이라서 얼마나 더 가야 하는지를 모르고 있었다.

그 때 마침 마차가 한 대 오고 있었다.

그 사람은 마부에게 물었다.

"여기서 샤티마지 마을까지는 얼마나 가야 하나요?"

마부가 대답하였다.

"예, 반 시간 가량 가면 될 겁니다."

"대단히 죄송한 말씀이지만 좀 태워다 주실 수 있나요?"

마부는 선선히 승낙하였다.

"타시지요."

그 사람은 고맙다는 인사를 하고 마차를 탔다.

그런데 반 시간을 가도 샤티마지 마을이 나타나지 않았다.

그 사람은 이상하게 생각하여 마부에게 물었다.

"샤티마지 마을까지는 아직 멀었습니까?"

마부가 대답하였다.

"예, 약 한 시간쯤 걸립니다."

이 말에 여행자는 깜짝 놀라며 마부에게 물었다.

"아니, 아까 물어 볼 때는 약 반 시간 걸릴 거라고 하지 않았습니까? 그런데 더 멀어지다니요?"

마부는 오히려 여행자를 이상하다는 듯이 바라보았다.

"왜 멀어지지 않겠습니까? 이 마차는 반대 방향으로 가고 있는 중인데요."

맹인의 등불

어떤 사람이 캄캄한 밤에 거리를 걸어가고 있었다.

그 때 맞은편에서 한 사람이 걸어오고 있는데 그 사람은 등불을 들고 있었다.

가까이 다가오는 사람을 보니, 그 사람은 앞을 못 보는 맹인이었다.

그 사람은 좀 어처구니가 없다는 생각을 하며 그 맹인에게 물었다.

"당신은 앞을 못 보는 분인데, 왜 등불을 밝혀 들고 다니시는지요?"

그러자 맹인은 이렇게 대답하였다.

"내가 이렇게 등불을 들고 걸어가야만 눈뜬 사람들이 내가 맹인이라는 것을 알고 부딪치지 않을 테니까요."

천국과 지옥

한 아들이 아버지에게 살찐 닭을 잘 요리하여 극진히 대접하였다.

"애야, 이 닭을 어디서 구했느냐?"

아버지가 물었다.

그러나 아들은 일일이 대답하기 귀찮아서,

"아버지, 그런 염려는 하지 마시고 어서 많이 잡수시기나 하세요."

라고 대답하였다.

그래서 아버지는 궁금하였지만 더 이상 묻지 않았다.

또 한 명의 젊은이는 방앗간을 하며 살고 있었다.

이 사람이 밀가루를 빻고 있을 때였다. 동네 어른 한 분이 방앗간으로 허둥지둥 달려왔다.

"여보게, 큰일났네."

"무슨 일인데요?"

"임금님께서 명령을 내리셨는데, 온 나라 안에 있는 방아꾼을 모두 모이라고 하셨다네."

"그래서 저도 가야 한다는 말씀입니까?"

"물론이네."

"임금님의 명령이라면 당연히 가야겠지요"

동네 어른이 걱정스러운 듯이 말하였다.

"자네가 가지 말고 대신 아버지를 가게 하는 것이 어떻겠는가?"

그러자 젊은이가 펄쩍 뛰며 말하였다.

"안 될 말씀입니다. 온 나라 안의 방아꾼들이 다 모이는 일이라면 아무래도 힘든 일이 아니겠습니까?"

젊은이는 자기가 하던 일을 아버지에게 부탁하고 임금님이 있는 대궐로 갔다.

여러분들은 이들 두 아들 가운데 누가 천국으로 가고 누가 지옥에 갈 것이라고 생각하는가? 그렇다면 어째서 그렇다고 생각하는가?

첫 번째 사람은 아버지에게 살찐 닭을 잡아 드리기는 하였지만, 아버지가 묻는 말을 귀찮게 생각하고 제대로 대답을 하지 않아서 지옥으로 갔다.

두 번째 사람은 왕이 강제로 사람들을 불러모으면 중노동을 시키고, 매질도 하고 좋은 음식을 주지도 않는다는 것을 알고, 아버지에게는 그런 것을 전혀 알리지 않고 대신 자기가 갔던 것이다.

그래서 그 젊은이는 죽어서 천국으로 갈 수 있었다.

부모에게 정성을 다해 진심으로 대하지 않는다면, 차라리 일을 하게 하는 편이 낫다.

쫓겨 다니며 평화를 얻는다

유대 인들은 평화를 무엇보다도 존중한다.

유대 인들은 오래전 옛날부터 인류는 모두가 한 형제라는 가르침을 받아 왔다.

또한 형제끼리 싸우는 것은 하나님의 가르침을 거역하는 것이라고 여겨져 왔다.

유대 인들은 다른 사람들을 만나면 '평화' 라는 뜻의 인사말을 한다.

"네 이웃을 사랑하라."는 성서의 말은 곧 유대 인의 마음인 것이다.

탈무드는 이렇게 말하였다.

"남과 다투지 마십시오. 이웃과 사이좋게 살아야 합니다. 그들을 즐거운 자리에 초대하십시오. 그 사람이 어느 나라에서 온 사람이든, 부자이든 가난뱅이이든 누구나 빈손으로 왔다가 마침내 흙으로 돌아가 잠들 것입니다."

오늘날 세계 각국의 사람들은 평화가 얼마나 중요한 것인지 잘 알고 있다. 그러나 유대 인만큼 평화에 대하여 실감나게 이해하는 민족은 없을 것이다.

유대교의 가르침에 따라 평화를 존중하고, 그것을 이 세상에서 실천하고 반드시 그것을 추구하도록 배웠을 뿐만 아니라, 오랜 억압을 받으며 살아왔기 때문이다.

소유권

만약에 동물을 가지고 있다면 낙인을 찍어야 그 소유권이 인정된다.

시계 등에는 이름을 새겨 넣을 수가 있을 것이다. 양복에는 이름을 새겨 넣으면 된다. 자동차나 집 같은 것은 등기소에 등록해 두면 된다.

그러나 물건에 따라 이름을 새겨 넣거나 등기를 하기 어려운 것들도 있다. 이럴 경우에는 소유권을 어떻게 증명할까?

여러 가지 실제의 예를 먼저 살핀 다음에 원칙을 확정한다는 것이 탈무드식의 방법이다.

두 사람이 극장에 갔다.

그런데 두 사람은 각각 다른 문으로 입장을 하였다. 그 때 마침 한가운데 자리가 비어 있어 서로 앉으려고 하였다.

두 사람이 동시에 그 자리를 발견하였다. 두 사람은 서로 그 자리가 자기 자리라고 주장하였다. 이런 경우에 누가 그 자리를 소유할 수 있을까?

탈무드에서도 이런 일에 대하여서는 의견이 일치하지 않고 있다.

두 사람이 자리를 나누어 가지면 좋을 것이라는 의견이 있다. 그러나 그렇게 되면 자리는 사용할 수 없게 된다.

성서에 손을 얹고 양심에 거리낌이 없으면 나누라는 의견도 있다.

그러나 선서를 하더라도 반밖에 차지할 수 없다면 그 선서를 모독하는 것이 아니냐는 의견이 나왔다. 그리하여 자리의 반만이 자기 것이라고 선서하여야 한다는 의견이 나왔다.

이런 경우, A가 100퍼센트를, B가 50퍼센트를 주장하여 재판소에 갔다면 일단 A는 절반은 인정을 받는다. 50퍼센트라고 주장한 B는 그 반밖에는 인정을 받지 못한다.

이 의논에서는 절반은 스스로에게 권리가 있다고 선서하는 것이 최종의 해결 방법이 되어 있다.

그런데 두 사람이 주은 것이 고양이라면 어떻게 해야 할까?

이것은 반반씩 나누어 가질 수 없다. 이 경우에는 두 사람이 고양이를 팔면 된다. 아니면 한 사람이 고양이 값의 반을 다른 한 사람에게 주고 고양이를 가져가면 된다.

고양이는 주인이 나타나기를 기다린 후에 처리할 수가 있지만, 돈의 경우에는 임자를 기다리거나 찾을 수가 없다.

돈을 잃어버린 어떤 사람이 길을 되돌아가 만 원짜리 지폐를 잃어버려 찾으러 오는 길이라고 말하더라도 그 사실을 입증할 수가 없다.

자기가 갖고 있는 지폐 전부에다 이름을 적어 놓고 자기 것이라고 우길 수도 없는 일이다.

앞에서 말한 극장의 자리는 먼저 앉는 쪽이 이기는 것이다. 먼저 보았다는 것은 입증할 도리가 없지만, 이미 앉았다고 할 때에는 입증하기가 쉬워진다. 입증을 하는 것, 이것이 하나의 원칙이다.

돈

사람의 마음에 상처를 입히는 것이 세 가지 있다.

첫째는 고민이다. 둘째는 싸움이다. 그리고 셋째는 비어 있는 돈지갑이다. 즉, 돈이 없는 것이다.

이 가운데서도 특히 큰 상처를 내는 것은 바로 빈 돈지갑이다.

몸은 마음에 의존하게 마련이고, 마음은 돈지갑에 의존하게 마련이다.

　무릇 돈이란 상업에 이용되어야지 술을 마시는 데에 허비되어서는 안된다.

　돈은 악도 저주도 아니다. 돈은 인간을 축복해 주는 고마운 것이다.

　돈이란 하나님으로부터 받을 수 있는 선물을 살 기회를 안겨 준다. 돈을 빌려 쓴 사람에게는 화내지 말고 참는 사람이 되어야 한다.

　부유함은 견고한 요새 같고, 빈곤은 폐허와 같다.

　돈과 물건은 거저 주는 것보다는 빌려 주는 편이 더 낫다. 돈이나 물건을 거저 얻으면 얻은 사람이 준 사람보다 아래의 입장이 되지만, 빌려 주면 서로 동등한 입장이 되기 때문이다.

　술

　⊙ 여자가 술을 한 잔 마시는 것은 좋은 일이다. 그러나 두 잔을 마시면 품위를 잃어버리고, 석 잔을 마시면 도덕이 무엇인지 모르게 되고, 넉 잔을 마시면 자멸하고 만다.

　⊙ 술이 머리로 들어가면 비밀은 밖으로 새어 나온다.

　⊙ 시중꾼의 자세가 공손하면 나쁜 술이라도 좋은 술이 된다.

　⊙ 악마가 인간들을 찾아다니기에 너무 바쁠 때는 대신 술을 보낸다.

　⊙ 포도주는 처음엔 포도와 같은 맛을 내지만, 오래되면 될수록 맛이 좋아진다. 지혜도 이와 같이 해가 지날수록 갈고 닦여진다.

　⊙ 아침에 늦게 일어나고 낮에는 술에 취해 있으며, 저녁에 쓸데없는 잡담으로 하루를 보내는 사람은 자기 자신의 일생 모두를 헛되게 만들고 만다.

　⊙ 포도주는 금이나 은그릇에서는 잘 담가지지 않지만, 지혜로 만든

그릇에 담그면 아주 잘 만들어진다.

가 정

진정 서로 사랑하고 있는 부부라면 칼날만한 좁은 침대에서도 함께 휴식할 수 있지만, 서로 미워하고 있는 부부라면 폭이 10미터나 되는 침대라도 좁게 느껴진다.

이 세상에서 가장 행복한 사람은 현명한 부인을 가진 남자이다.

남자가 결혼을 하게 되면 그 때부터 죄가 늘어난다.

이유 없이 아내를 학대하지 말라. 하나님은 지금도 당신 아내의 눈물 방울을 빠짐없이 세고 있기 때문이다.

모든 병마 중에서도 마음속의 병만큼 더 괴로운 것은 없다. 또한 갖은 죄악 중에서도 악처만큼 나쁜 것은 없다.

이 세상에서 다른 무엇과도 바꿀 수 없는 것은, 젊어서 결혼하여 함께 고생해 온 늙은 아내이다.

남자에게 있어서의 집은 아내이다.

아내를 선택할 때는 겁쟁이가 되어야 한다.

여자와 서로 말을 나누어 보지 않고 결혼하는 것은 옳지 않다.

아이들을 키울 때 차별을 두어 가르치는 것은 안 된다.

아이들이 어렸을 때에는 엄하게 꾸짖어 가르치고, 다 자란 뒤에는 작은 일로 꾸짖지 말라.

아이들이 어렸을 때는 엄하게 가르쳐야 하지만, 두려워하게 하는 것은 잘못된 것이다.

아이들을 나무랄 때는 한 번만 호되게 꾸짖어야 한다. 잔소리처럼 계속 나무라면 좋지 않다.

아이들은 부모의 언행을 흉내내게 마련이다. 그래서 성격은 말투로 알 수 있다.

아이들과 어떤 약속을 하였다면 반드시 그 약속은 지켜야 한다. 만약 약속을 지키지 않으면 당신은 아이들에게 거짓말을 가르치는 셈이다.

가정 안에서 부도덕한 행위를 하는 것은 마치 과일에 벌레가 생기는 것과 같다. 알지 못하는 사이에 나쁜 행동은 점점 번져 나가기 때문이다.

아이들은 자기 아버지를 존경하지 않으면 안 된다.

아이들이 아버지가 앉는 자리에 앉는 것은 옳지 못하다.

아버지가 다른 어떤 사람과 언쟁을 벌이고 있을 때, 자식들은 다른 사람의 편에 서서는 안 된다.

자식들이 아버지를 존경하고 순종하는 것은 아버지가 자식들을 위해 의식주를 해결해 주기 때문이다.

교 육

이스라엘에서 가장 훌륭하다는 소리를 듣는 랍비가 있었다.

그 랍비가 북쪽 마을을 시찰하기 위하여 두 명의 랍비를 먼저 보내었다. 두 명의 랍비는 그 마을에 가서 말을 하였다.

"이 마을을 지키고 있는 사람을 만나서 좀 조사할 것이 있습니다."

그러자 그 마을의 경찰서장이 나왔다.

"무엇을 조사하시겠다는 겁니까?"

두 명의 랍비는 머리를 저었다.

"우리가 만나려는 사람은 이 마을을 지키고 있는 사람입니다."

그러자 이번에는 그 마을의 수비대장이 나왔다.

"저를 찾으셨습니까?"

두 명의 랍비는 이번에도 머리를 가로저었다.

"우리가 만나려는 사람은 경찰서장이나 수비대장이 아닙니다. 진정으로 마을을 지키는 사람은 이 마을의 선생님입니다."

배의 구멍

어떤 사람이 작은 배를 한 척 가지고 있었다.

그 사람은 해마다 여름이 되면 가족들과 함께 그 배를 타고 즐겁게 놀았다.

어느 해, 여름을 지내고 나서 그 사람은 배를 보관해 두려고 하였다. 그런데 옮기는 도중 잘못하여 배에 작은 구멍이 생기고 말았다.

'내년 여름에 고치기로 하자.'

이렇게 생각한 그는 페인트 칠을 하는 사람을 불러 우선 배가 썩지 않게 칠을 하라고 하였다.

다음 해에는 유난히도 빨리 봄이 왔다.

그의 두 아들이 아버지에게 말하였다.

"아버지, 날씨도 좋고 파도도 잔잔하니 우리끼리 배를 타겠어요."

"그렇게 하렴."

아버지는 두 아들이 조르자 배에 구멍이 뚫렸다는 것은 까맣게 잊고, 배를 타도 좋다고 허락하였다.

그런데 두 아들이 배를 타고 나간 지 몇 시간이 지나도 돌아오지를 않았다.

"얘들이 왜 이렇게 늦지?"

아버지는 이렇게 중얼거리다가 문득 배에 구멍이 뚫렸다는 것을 깨달

았다.

"이거 큰일났구나. 물이 새는 배를 타고 나갔으니 무슨 사고가 난 것
이 틀림없어!"

아버지는 아이들이 위험에 빠져 있을 것이라는 생각에 허겁지겁 해변
으로 뛰어갔다.

아이들은 헤엄을 치지 못하므로, 아버지의 마음은 더 조급해졌다.

그런데 해변으로 나가 보니 마침 두 아들이 노를 저어 오고 있었다.

아버지는 그 때야 길게 안도의 한숨을 내쉬었다.

"배에 물이 스며들지 않았니?"

아버지가 물었다.

"아니오, 물은 한 방울도 스며들지 않았어요."

아들은 이렇게 말하였다.

아버지는 배 밑바닥을 조사해 보았다. 그랬더니 그 구멍은 이미 나무로 만든 쐐기로 막혀 있었다.

"아! 이건 페인트 칠을 한 사람이 막은 것이 분명하다!"

이렇게 생각한 그는 선물을 사들고 페인트 칠을 한 사람을 찾아갔다.

그런데 페인트 칠을 한 사람은 공손히 말하였다.

"저는 이미 페인트 칠을 한 대금을 다 받았습니다. 그런데 왜 이런 선물을 주시는 겁니까?"

"배에 작은 구멍이 뚫어져 있었는데, 당신이 페인트 칠을 하면서 거기에 쐐기를 박지 않았습니까?"

그러자 그 사람은,

"아! 그거야 아무것도 아닙니다. 구멍이 뚫려 있기에 쐐기를 하나 박았던 것뿐인걸요."

하고 말하였다.

"그렇지 않습니다. 나는 봄에 배를 사용하기 전에 그 배의 밑을 고칠 작정이었습니다. 그러다가 깜박 잊어버리고 말았습니다. 그런데 당신은 내가 부탁하지도 않았는데 그 구멍을 막아 주셨습니다. 당신의 잠깐 동안의 수고가 저의 두 아들의 생명을 구했습니다."

우는 이유

매우 훌륭한 유대 인이 한 사람 있었다.

그는 남을 도와줄 뿐 아니라 예의바른 사람으로, 많은 사람들에게서 존경을 받고 있었다.

그러나 그는 유대 인 사회에서는 아무 활동도 하지 않았다.

어느 날 그 사람은 랍비와 함께 식사를 하게 되었다.

유대 인 사회에서는 사업하는 사람을 만날 때 '어떻습니까? 잘 되어 갑니까?' 하고 인사하는 관례가 있고, 랍비에게는 '유익한 책을 많이 읽었습니까?' 라든지 '뭐 재미있고 유익한 일을 생각해 냈습니까?' 하고 인사하는 습관이 있다.

늘 공부해야 하는 랍비는 무엇이고 언제 어디에서나 이야기할 수 있게, 주머니 속에 이야깃거리를 넣고 다녀야 한다.

그 날 랍비를 만난 그 사람은 랍비에게 '재미있는 책을 많이 읽었느냐?'고 물었다. 그러자 랍비는 이렇게 말했다.

"요즘 아주 재미있는 이야기를 탈무드에서 발견했소. 당신도 탈무드를 공부할 때에는 반드시 그 부분을 읽어 보십시오."

그리고는 그 내용을 이야기해 주었다.

매우 훌륭하여 이름이 난 랍비 한 사람이 있었다.

그는 많은 사람들로부터 존경받는 고결하고 친절한 사람이었다. 그의 마음은 자애롭고 또한 하나님에 대한 공경도 아주 지극하였다.

그는 길가의 벌레 한 마리도 밟아 죽이지 않기 위하여 조심스럽게 걸었고, 하나님이 내려 주신 물건들도 망가뜨리지 않도록 조심하며 생활을 하였다.

그는 많은 제자들로부터도 존경받는 사람이었다.

어느덧 80세가 된 그 랍비는 갑자기 자기 몸이 쇠약해져 있음을 깨닫고, 머지않아 죽음이 닥쳐오리라는 것을 짐작하였다.

어느 날 그는 제자들을 불렀다.

많은 제자들이 그의 머리맡으로 모여들자, 그는 갑자기 엉엉 울기 시작하였다.

"랍비님, 어찌하여 눈물을 보이십니까? 랍비님께서는 단 하루라도 공부를 하시지 않은 날이 있으셔서 그러십니까?"

제자들은 안타까운 마음에서 물었다.

"아니다. 나는 단 하루도 공부를 하지 않은 날이 없었다."

"그러면 단 하루라도 가르치지 않은 날이 있어서 그러십니까?"

"그렇지 않다. 나는 하루도 제자들을 가르치지 않은 날이 없단다."

"그러면 단 하루라도 자선을 베풀지 않은 날이 있어서 그러십니까?"

"아니야, 나는 매일 자선을 했어."

그러자 제자들은 그 동안 랍비가 베푼 일들을 회상했다. 그리고는 이구동성으로 말하였다.

"랍비님은 잠시도 공부를 게을리하지 않았습니다. 또 저희들을 생각 없이 아무렇게 가르친 일도 없습니다. 남을 돕는 일에도 누구보다도 앞장섰습니다. 랍비님이야말로 이 나라에서 가장 존경받는 훌륭하신 분입니다. 하나님에 대한 공경심도 누구보다도 간절하십니다. 랍비님은 어느 한때도 정치 같은 때묻은 세상에는 발을 들여놓지 않았습니다. 그러니 랍비님이 우셔야 할 일은 없지 않습니까?"

제자들이 이렇게 말해도 랍비는 여전히 울면서 다음과 같이 말하였다.

"그래, 그래서 내가 울고 있단다. 나는 죽음을 앞에 둔 이 순간, 내 자신에게 '늘 공부했느냐, 자선에 힘썼느냐, 하나님께 기도했느냐, 옳게 살아 왔느냐'고 물으면 전부 '예'라고 말할 수 있다. 그러나 '너는 우리 이웃들과 함께 어울려 살아 본 일이 있느냐?'고 물으면 '아니오'라는 대답밖에는 할 수가 없다. 그래서 눈물을 흘리고 있단다."

랍비는 자기 혼자만의 사업에 성공한 그 사람에게 유대 인 사회에서도 되도록 참여하여 보람 있는 일을 하라는 의미에서 탈무드의 이야기를 해 준 것이었다.

우 정

햇볕이 쨍쨍 내리쪼이고 있었다.

구름 한 점 없고 바람도 불지 않아 무덥기 짝이 없는 여름날이었다.

너무도 더워서 숲 속에 사는 동물들은 모두 더위에 지쳐 숨을 헐떡거리고 있었다. 나뭇잎들도 견디다 못하여 축 늘어졌다. 다람쥐와 산토끼 같은 작은 동물들은 나무 그늘 밑에 웅크리고 앉아 더위를 피하였다.

사자와 멧돼지, 곰처럼 몸집이 큰 동물들은 어슬렁거리며 그늘을 찾아 이리저리 옮겨 다녔다.

그래도 한낮의 햇볕은 너무나도 뜨거워 살갗이 탈 지경이었다.

견디다 못한 사자와 멧돼지가 숲 속에 있는 샘물을 찾아갔다. 샘물은 작지만 아주 시원하였다.

"아이고, 더워. 시원한 물을 실컷 마시면 좀 살 맛이 나겠지."

하고 멧돼지가 샘물을 마시려 하였다.

"비켜! 내가 먼저 왔으니까 먼저 마셔야 해."

사자가 멧돼지를 떠밀고 자기가 먼저 마시려고 하였다.

"뭐라고? 그런 엉터리 같은 말이 어디 있어? 내가 먼저 왔으니까 내가 먼저 먹어야 해."

멧돼지도 지지 않고 사자를 떠밀었다.

"까불지 말고 저리 비켜!"

사자와 멧돼지는 마침내 싸움을 하게 되었다. 두 동물은 서로 죽일 것처럼 무섭게 싸웠다.

"좋아, 누가 죽나 죽을 때까지 싸우자."

이렇게 한참 싸우다가 잠깐 숨을 돌리려고 하늘을 쳐다보았다.

하늘에는 까마귀와 독수리들이 몰려와서 그들이 싸우다가 죽으면 뜯어 먹으려고 빙빙 날고 있었다.

이것을 본 사자와 멧돼지는 말하였다.

"우리가 싸우다 죽으면 까마귀와 독수리만 좋은 일이 생기지 않겠니? 그러니 우리 싸우지 말고 차라리 사이좋게 샘물을 마시자."

"그게 좋겠다!"

사자와 멧돼지는 싸움을 멈추고 나란히 샘물을 마셨다.

비 결

세상 사람들은 흔히 유대 인의 머리가 좋다고 말한다. 그러나 원래부터 머리가 좋다는 증거는 찾아볼 수가 없다.

그러나 유대 인 중에 머리가 좋은 사람이 많다는 것은 사실이다.

미국의 고등학교에서 뛰어난 성적을 올리는 학생 중에 유대 인이 많이 끼여 있다는 것을 선생님들은 인정하고 있다.

미국에 살고 있는 유대 인의 수는 그리 많지 않아 그들 역시 우리나라 교포들과 마찬가지로 소수 민족 집단인 것이다.

그런데 1896년 노벨 상이 생긴 이후 유대 인이 그 상을 탄 비율은 24퍼센트나 된다고 한다. 또 미국의 유명한 대학의 교수 중 약 30퍼센트를 유대 인들이 차지하고 있다. 그리고 미국을 움직이는 30명의 인물 중에도 5명의 유대 인이 있다.

그것뿐만이 아니다.

유대 인들이 경영하는 세계의 큰 회사들이 얼마나 많은지 모른다.

무엇 때문에 그들은 이렇게 잘살게 되었을까?

그것은 바로 교육의 힘이다.

아무리 세계의 역사에 위대한 공헌을 한 천재라고 하더라도, 그 사람들의 천재성은 결코 우연히 얻어진 것은 아니다.

어머니의 극진한 사랑이 있어야 하며, 아버지의 계획적인 교육이 있어야 한다.

이런 교육이 있어야만 우수한 머리가 되는 것이지, 결코 우연히 두뇌가 개발되는 것은 아니다.

한 가지 예를 들어 보겠다.

인도의 캘커타라는 지방에 숲이 우거진 정글 지대가 있었다.

그 곳에 목사님 한 분이 선교사로 와 있었다.

그런데 어느 날, 정글 지대를 탐험하다가 늑대 굴에서 자란 듯한 어린아이를 발견하였다.

어린아이는 머리에서 가슴까지 털이 잔뜩 나 있었다. 그런데 이 아이는 사람처럼 서서 걷지도 못하고 강아지처럼 네 발로 기어다녔다.

먹을 것을 주어도 손으로 집어먹지 못하고 마치 짐승처럼 입을 그릇에 대고 핥아먹는 방법밖에 모르고 있었다.

머리는 자라서 헝클어져 있었고 손바닥과 발바닥의 피부는 굳어서 단단해져 있었다.

그 아이는 또 무슨 소리가 나면 이를 내놓고 짖어 대는데 그 소리는 늑대의 울음소리와 아주 흡사하였다.

분명히 인간이었으나 아무리 보아도 인간다운 점은 하나도 없었다.

아니, 사람답기보다는 이 어린아이는 틀림없는 늑대였다. 아마 산중에 버려진 갓난아기를 늑대가 데려다가 키운 것 같았다.

처음에는 늑대 형제들과 함께 어미늑대의 젖을 먹고, 자란 뒤에는 어미늑대가 잡아 오는 짐승 고기를 먹고 자랐을 것이다.

목사님은 이 늑대 아이가 사람의 세계로 되돌아올 수 있도록 온갖 정성을 다하였다.

그러나 결국 사람으로서의 성장을 가져오게 하지는 못하였다.

목사님에게 발견된 지 9년 만에 그 늑대 아이는 그만 죽고 말았다.

이 이야기는 바로 사람에게 좋지 못한 환경이 주어질 때에 사람답게 자랄 수 없다는 것을 말해 주는 것이다.

쓸데없는 걱정

무거운 짐을 진 상인이 길을 걸어가고 있었다. 마침 그 옆을 지나가던 마차가 그 사람을 보았다.

마부가 딱하게 생각하여 마차를 세우고 말하였다.

"여보시오, 얼마나 힘이 드십니까? 이 마차를 타고 가시오."

"고맙습니다."

상인은 고맙다는 말을 몇 번이나 하고 마차에 탔다. 그런데 상인은 등에 지고 있는 무거운 짐을 내려놓으려 하지 않았다.

이상하게 생각한 마부가,

"짐을 내려놓으시오. 그렇게 지고 있으면 무겁지 않소?"
하고 말하였다.

이 말을 들은 상인은 미안해하면서 이렇게 대답하였다.

"미안해서 그럽니다. 저를 태워주신 것만 해도 말에게는 큰 짐이 될 텐데, 어떻게 짐까지 실을 수 있겠습니까?"

벌금의 규칙

어떤 유대 인 회사에서 유대 인 사원이 일하고 있었다.

그런데 어느 날, 그 사원이 회사의 돈을 가지고 달아나 버렸다. 유대 인 사장은 크게 화가 나서 경찰에 신고하려고 하였다.

그런데 그 회사의 책임자가 랍비를 찾아와 어떻게 하면 좋겠느냐고 의논을 해왔다.

랍비는 이렇게 대답하였다.

"신고하기 전에 먼저 그 사람이 정말 돈을 훔쳐 가지고 달아났는지 확인을 해 보는 것이 좋겠습니다. 만일 그 사람이 정말 회사 돈을 가지고 도망쳤다고 하여도, 그것을 경찰에 고발하면 그가 감옥에 들어갈 것이 틀림없을 것입니다. 그렇다면 그것은 유대 인이 취할 현명한 태도가 아닙니다."

왜냐하면, 그 도둑질을 한 사원이 감옥에 갇힌다면 회사에서는 잃어 버린 돈을 찾을 길이 없게 될 것이 뻔하였기 때문이다.

유대의 법은, 어떤 사람이 돈을 훔쳤을 때에 그 사람을 감옥으로 보내지 말고 돈을 찾도록 되어 있다.

그래서 랍비는 회사의 책임자에게 이렇게 말하였다.

"그 사람을 찾아 내어 감옥으로 보내지 말고, 먼저 훔쳐 간 돈을 되돌려받고, 거기에 덧붙여 벌금을 물게 하는 게 낫겠습니다."

랍비의 말대로 회사 돈을 갖고 달아난 사람을 찾아 내어 그 말을 전하자, 그 사람은 머리를 숙이며 말하였다.

"이미 그 돈을 다 써 버려서 한푼도 없습니다."

"그렇다면 감옥에 들어가겠소, 부지런히 일하여 나누어 갚겠소?"

"물론 부지런히 일하여 돈을 갚겠습니다."

그래서 그는 경찰에 끌려가지 않고 랍비의 방에서 재판을 받게 되었다. 랍비가 재판장이 되었다.

그 사람은 감옥에 가 갇혀 있는 것보다는 그 시간에 일을 해 버는 돈 중에서 조금씩 나누어 갚기로 합의하였고, 동시에 벌금을 물게 하여 그 벌금은 자선 사업 기금으로 쓰기로 판결이 내려졌다.

유대 인 사회에서는 어떤 사람이 돈을 훔쳐 랍비의 재판에 부쳐져서 벌금을 더 덧붙여 갚으라는 판결을 받아도, 그는 그 돈을 다 갚고 나면 돈을 훔치지 않은 상태와 똑같아진다.

이를테면 A라는 사람이 백만 원을 훔쳤기 때문에 랍비에게 재판을 받고 벌금까지 백 이십만 원을 갚으면, 그 때부터 그는 전과가 없어지고 결백한 사람으로 돌아가는 것이다.

만약 그 후에 돈을 잃어버렸던 사람이,

"저 녀석은 돈을 훔쳤던 나쁜 놈이다."

라고 말한다면, 오히려 욕을 한 그 사람이 나쁜 사람으로 취급된다.

대개 이런 경우 벌금이 약 20퍼센트 이상이 되는데, 이 때에는 엄격한 규칙이 있다. 예를 들면, 그 훔친 물건으로 돈을 벌었는가, 훔친 시간이 밤인가 낮인가, 아니면 아침인가 하는 여러 가지 조건을 따져 벌금의 비율이 정해지는 것이다.

탈무드에서는 말을 훔쳤을 때 가장 많은 벌금을 낸다. 왜냐하면, 훔친 말을 이용하여 돈을 벌 수도 있고, 반대로 말을 잃어버린 사람은 그만큼 많은 어려움과 손해를 보기 때문이다.

그것은 오늘날, 자동차에 해당한다고 할 수 있다. 이런 경우에는 4배 이상의 벌금을 물어야 한다.

그리고 보통 당나귀의 경우는 말의 경우보다는 벌금이 적다. 이것은 당나귀가 말보다 훔치기가 어렵기 때문이다.

그러나 유대 법에서는 남의 것을 훔친 사람의 입장도 많이 생각한다.

만일 훔친 사람이 굶주림에 허덕이는 사람이라면, 벌금은 20퍼센트 정도 낮게 계산한다.

옛날 이스라엘에서는 벌금이나 이자를 물지 않으면 관청에서 대신 지불하도록 되어 있었다.

최악의 경우에는 감옥에 가두기도 하는데, 그러나 감옥에 감금하는 것은 근본적인 해결책이 아니라는 것이 유대 인들의 생각이다.

아이와 어머니 중 누구를?

어느 유대 인 여자가 아이를 가졌는데 아주 상태가 나빠져 목숨이 위태로워지자, 한밤중에 병원에 가야만 하였다.

그 때 산모 남편의 부름을 받고 랍비가 병원에 가게 되었다.

산모는 출혈이 심하여 몹시 고통스러워하고 있었다. 그 산모는 처음으로 아이를 낳는 것이었다.

검진을 마친 의사는 산모의 생명을 건지기가 어렵다고 말하였다.

그러자 랍비가 물었다.

"아기의 상태는 어떻습니까?"

"그건 어떻다고 확실히 말씀드릴 수가 없습니다."

의사가 대답하였다.

그러다가 결국 엄마와 아기 중 누구를 구하느냐 하는 심각한 결정의 순간에 서게 되었다.

두 부부는 이 첫아기를 몹시 기다리고 있었다.

산모는 고통 속에서도 이렇게 외쳤다.

"저에게는 첫아이입니다. 내가 죽더라도 아기만은 살려 주세요!"

여러 가지 의견이 나왔으나 결론이 나지 않았다.

결국 랍비에게 결정을 하라고 사람들이 말하였다.

랍비는 그들 부부에게 말하였다.

"내가 내리는 결정은 내 개인 생각에 따른 것이 아니고, 〈탈무드〉와 유대 인의 오랜 전통에 의한 결정이니, 내가 어떤 결정을 하더라도 이에 반드시 따르겠습니까?"

부부는 눈물을 흘리면서 말하였다.

"유대 민족의 판단이라면 랍비님의 결정에 따르겠습니다."

그러자 랍비는 무겁게 말하였다.

"나는 어머니를 살리고 아기를 포기하기로 하겠습니다."

그러자 산모는 울면서 랍비에게 말하였다.

"안 됩니다, 랍비님. 그것은 살인 행위와 같습니다."

그러나 랍비는 침착하게 말하였다.

"우리 유대 인의 전통에 따르면 태어나기 전의 아기는 생명이 없다고 생각하고 있습니다. 배 안에 있는 아기는 어머니의 몸 일부분인 것이지요. 사람의 목숨을 구하기 위해서는 몸의 일부분, 즉 팔이나 다리를 잘라낼 수도 있습니다. 유대의 전통에서는 이런 일에 처할 경우에는 반드시 어머니의 생명을 구하도록 되어 있습니다."

그 때 마침 가톨릭 신부 한 사람이 이 일을 보고 있다가 반대 의견을 내놓았다.

"안 됩니다. 아기를 구하고 차라리 어머니가 희생되어야 합니다."

"그건 왜 그렇지요?"

"가톨릭에서는 어머니가 아이를 임신했을 때 이미 새 생명이 이루어진 것으로 여깁니다. 가톨릭측 입장에서 보면 어머니는 이미 세례를 받았기 때문에 구원이 되었으나, 뱃속의 아기는 아직 세례를 받지 못했기 때문에 구원을 받을 수가 없습니다. 그렇기 때문에 아기를 살려야 합니다. 랍비님의 결정은 도무지 이해할 수 없습니다."

신부는 유대 인들의 결정에 계속 의아해하였다.

그러나 두 부부는 랍비의 결정에 따라 어머니의 생명을 구하였다.

그리고 그 뒤 몇 년이 지나지 않아, 그 어머니는 곧 두 번째 아이를 낳을 수 있었다.

죽 음

항구에 화물을 가득 실은 두 척의 배가 정박하고 있었다.

그중 한 척은 이제 막 항구를 떠날 준비를 하고 있었고, 또 한 척은 방금 긴 항해를 마치고 항구로 들어온 배였다.

이러한 경우, 대부분의 사람들은 배가 떠나갈 때는 떠들썩하게 환송을 하지만, 반대로 배가 항구로 들어올 때에는 별다른 환영의 모습을 보이지 않는다.

〈탈무드〉에서는 이러한 것을 대단히 어리석은 행동이라고 가르치고 있다.

떠나가는 배는 장차 어떻게 되는지 모른다. 거센 풍랑을 만나 어떤 고난을 당하는지 아무도 모른다. 그런데 왜 이런 불안한 처지에서 떠들썩하게 환송을 하는지 정말 이상한 일이다.

오랜 항해를 마치고 무사히 항구로 돌아온 배야말로 축복을 받으며 큰 환영을 받아야 한다. 왜냐하면 이 배야말로 어려운 역경을 뚫고 맡은 바 책임을 완수했기 때문이다.

우리가 살아가는 인생의 길도 이와 같다고 할 수 있다.

우리는 갓 태어난 아이에게 많은 축복을 보낸다. 이 아이야말로 앞으로 어떠한 고난의 길을 걸어갈지, 도중에 그만 죽을지, 아니면 흉포한 살인범이 될지 아무도 모른다. 이제 막 항해를 떠나는 한 척의 배와 같은 아기에게 축복을 보내는 것은 모순이라고 할 수 있다.

진정한 축복은 사람이 죽음이란 영원한 잠에 들때 보내야 한다.

그가 인생을 어떻게 살아왔는가를 많은 사람들이 알고 있으므로, 이때야말로 진정한 축복을 보낼 수 있는 것이다.

돈 빌리는 기술

존이라는 사람이 친구인 브라운을 찾아왔다.

"여보게, 급한 일이 있어서 그러는데 5천 원만 빌려 줄 수 없겠나?"

"알았네, 빌려 주도록 하겠네."

브라운은 5천 원을 존에게 빌려 주었다.

그런 일이 있은 지 며칠 후에 두 사람은 길에서 만나게 되었다.

브라운이 말하였다.

"자네 나한테 5천 원을 빌려 가지 않았나? 갚아야 할 게 아닌가?"

존은 머리를 끄덕였다.

"물론 빌려 갔지. 그런데 5천 원을 더 보태서 1만 원으로 채워 줄 수 없겠나? 곧 갚을 테니까."

잠시 생각해 본 브라운은 선선히 대답하였다.

"좋아, 빌려 주겠네."

브라운은 다시 5천 원을 빌려 주었다.

또 며칠이 지나 두 사람이 만나게 되었다.

이번에는 존이 먼저 말하였다.

"여보게, 내가 분명히 자네에게 1만 원을 빌렸지?"

"물론이지."

"그렇다면 1만 원을 더 보태서 2만 원을 채워 주게. 빠른 시일 안에 꼭 갚도록 하겠네."

브라운은 입맛을 쩍쩍 다시면서도 돈을 빌려 주지 않을 수 없었다.

"자네가 꼭 필요하다면 할 수 없는 일이지."

다시 2주일이 지났을 때 두 사람은 길에서 만나게 되었다.

존이 다시 말하였다.

"여보게, 내가 자네한테 2만 원의 빚이 있지?"

그러자 브라운은 황급히 손을 저었다.

"천만에, 나는 자네에게 돈을 빌려 준 적이 없네."

말 값은 얼마?

시장에서 말을 산 사나이가 말을 끌고 집으로 오고 있는 중이었다.

갑자기 하늘이 어두워지고 바람이 불기 시작하더니 폭풍이 몰아쳤다.

사방을 둘러보아도 피할 곳이라고는 아무 데도 없었다. 거기다가 말도 잔뜩 겁을 집어먹고 한 발짝도 움직이려 하지 않았다.

이대로 가다가는 꼼짝없이 얼어 죽을 것 같았다.

사정이 급박해진 사나이는 하나님에게 기도를 하였다.

"하나님, 제발 폭풍이 멎게 해 주십시오. 하나님께서 제 소원을 들어주시면 이 말을 팔아서 그 돈을 모두 하나님을 위해서 쓰겠습니다."

그 사람의 기도를 하나님이 들으셨는지 잠시 후에 폭풍은 씻은 듯이 지나가 버렸다.

그 사람은 하나님께 한 약속은 꼭 지켜야 했기 때문에 다시 말을 몰고 시장으로 갔다.

그런데 그 사람의 손에는 닭이 한 마리 들려져 있었다. 닭을 한 마리 샀던 것이다.

그것을 본 농부가 다가오면서 물었다.

"여보시오, 그 말은 팔 것이오?"

"그렇습니다. 그러나 이 닭과 함께 사는 사람한테만 팔겠습니다."

"그러면 말 값은 얼마이고, 닭 값은 얼마입니까?"

"예, 말 값은 3천 원이고, 닭 값은 10만 원입니다."

이 사람은 한번 한 약속은 지켜야 하겠지만, 너무 많은 돈을 바쳐야 하니까 이런 꾀를 생각해 낸 것이다.

1대 1

전쟁이 벌어져 많은 군인들이 싸움터로 나갔다.
장교 한 사람이 사병들에게 명령을 내리고 있었다.
"적군의 수는 우리와 똑같다. 한 사람이 하나씩 죽일 각오로 싸우면 우리는 승리할 수 있다. 알겠느냐?"
그 때 한 병사가 가슴을 펴 보이면서 씩씩하게 말하였다.
"저는 두 사람을 맡겠습니다."
그러자 옆에 있던 병사가 그 말을 받아서 장교에게 말하였다.
"장교 님, 그럼 저는 집으로 돌아가게 해 주십시오."

남겨 놓은 것

구약 성경에서는 하나님이 아담의 갈비뼈 한 개를 빼내어 인류 최초의 여성을 만들었다고 말하고 있다.
어느 날, 로마의 황제가 랍비의 집을 찾아가,
"하나님은 도둑이나 마찬가지요. 왜 남자가 잠자고 있는 사이에 허락도 없이 갈비뼈를 훔쳐 갔지요?"
하고 물었다.
이것은 분명 랍비의 대답을 궁색하게 하려는 생각에서 한 질문이었다.
그리고 만약 대답을 제대로 하지 못하면, 아주 유대 교와 하나님을 믿지 못하게 하려는 속셈이었던 것이다.
랍비에게는 딸이 하나 있었다.
그 딸은 아름답게 생기기도 하였지만 아주 총명하였다. 그 딸이 옆에 있다가 황제의 마음을 알아채고 갑자기 대화에 끼어들었다.

"황제 폐하, 폐하의 부하 한 사람만 빌려 주실 수 있습니까?"

"내 부하를?"

"네, 좀 난처한 일이 생겨서 그것을 알아보려고 그럽니다."

"그거야 별로 어렵지 않지만, 그 난처한 일이란 게 무엇이지?"

황제가 물었다.

랍비의 딸은 눈을 반짝이며 똑똑한 목소리로 말하였다.

"사실은 어젯밤, 저희 집에 도둑이 들어와 금고를 훔쳐 갔습니다."

"뭐라고? 금고를 훔쳐 갔다고?"

"예, 그렇습니다. 그런데 그 도둑은 이상하게도 금고 대신 황금으로 만든 항아리 하나를 놓고 갔습니다. 그래서 어떻게 된 일인지 조사해 보고 싶습니다."

랍비의 딸이 이렇게 대답하자, 황제는 빙긋이 웃으며 말하였다.

"오, 그래! 그것 참 부러운 일이군. 그런 도둑이라면 내게도 찾아왔으면 좋겠군."

황제가 이렇게 부러워하자 랍비의 딸이 말하였다.

"물론 그러실 겁니다. 그렇지만 그것은 결국 아담의 몸에 일어났던 일과 같지 않습니까? 하나님은 갈비뼈 하나를 훔쳐 갔지만, 그 대신에 이 세상에 여자를 남기신 것입니다."

나무 열매

어떤 노인이 정원에다 사과나무 묘목을 심고 있었다.

그 때 그곳을 지나던 나그네가 그 모습을 보고 노인에게 물었다.

"노인께서는 언제쯤 그 나무에 열매가 열릴 거라고 생각하십니까?"

"아마 70년쯤 후면 열리겠지요."

하고 노인이 대답하자 나그네는 또,

"노인께서는 그 때까지 살아 계실 수 있습니까?"

하고 물었다.

그러자 노인은 이마의 땀을 닦으며 대답하였다.

"아니오! 그때까지 살 수 없겠지만, 그래도 그런 게 아니라오. 내가 태어났을 때, 우리 집 과수원에는 많은 과일이 열려 있었소. 그것은 내가 태어나기도 훨씬 전에 나의 할아버지께서 나의 아버지를 위해 심어 놓으신 것이었소. 이제 나도 할아버님과 똑같은 일을 하고 있는 것이라오."

장 사

양복을 만드는 회사가 있었다.

어느 양복 회사나 마찬가지로 이 양복 만드는 회사에서도 철이 지난 양복이 남는 일이 걱정이었다.

왜냐하면, 철이 지난 양복은 다시 일 년이 지나야만 팔 수 있기 때문이다. 그러다가 유행이 바뀌어 버리면 아무 쓸모도 없게 된다. 그 양복 회사의 사장이 판매부장을 불러 걱정스럽게 물었다.

"이봐요, 부장. 그 남은 양복들을 어떻게 팔 수 없을까? 모두 2백 벌이 남았는데 그걸 팔아야만 월급을 줄 돈이 되는데……."

판매부장은 잠시 궁리를 하다가,

"시골로 보내면 안 될까요?"

하고 말하였다.

사장은 머리를 갸우뚱하며 물었다.

"철이 다 지난 옷인데 시골에 보낸다고 팔릴까?"

판매부장은 깊이 생각한 끝에 한 가지 묘한 방법을 생각해 내었다.

"사장님, 옷을 열 벌씩 꾸려서 소매점에 견본으로 보내면 됩니다. 그리고 청구서에는 여덟 벌 값을 적으면 됩니다. 그러면서 두 벌의 손해를 보충하기 위하여 값을 올립니다. 그러면 소매점에서는 우리가 짐을 꾸릴 때 잘못 세어서 두 벌이 더 온 줄 알고 돈을 더 올려 보낼 겁니다."

"오, 두 벌이 공짜로 따라온 줄 알고 그 옷을 살 거라는 말이지?"

사장은 손뼉을 쳤다.

"그것 좋은 생각이로군. 자네는 역시 머리가 좋구먼."

사장은 판매부장을 칭찬하고는 곧 그같이 하기로 결정하였다.

그래서 2백 벌의 옷을 시골로 보내었다.

그런데 며칠 후, 사장은 화가 잔뜩 나서 판매부장을 불렀다.

"판매부장, 자네는 당장 사표를 쓰게."

판매부장이 어리둥절하여 물었다.

"그건 무슨 이유입니까?"

사장은 노기등등하여 소리쳤다.

"시골로 보낸 양복이 팔리기는커녕 두 벌씩을 빼고 전부 되돌아왔단 말이야."

마음을 가꾸어라

아주 훌륭한 뿔을 가진 사슴이 숲 속에 살고 있었다.

어느 날, 사슴은 연못으로 가서 물을 마시다가 물에 비친 자기의 얼굴을 보았다.

머리에 달린 뿔이 마치 임금님의 왕관처럼 자랑스럽게 보였다.

"내 뿔은 정말 훌륭하군. 숲 속에 사는 동물들 가운데 나만큼 훌륭한 뿔을 갖고 있는 동물은 아무도 없을 거야."

그러다가 자기의 가늘고 긴 다리를 바라보았다. 사슴은 못마땅한 듯이 중얼거렸다.

"하나님은 불공평하시단 말이야. 이렇게 훌륭한 뿔을 주셨으면서 왜 이렇게 다리는 연약하게 만들어 주셨을까?"

이 때, 불쑥 사자가 나타났다.

"이크! 잡히면 죽는다."

사슴은 재빨리 뛰어 도망쳤다. 먹이를 발견한 사자도 가만히 있을 리가 없었다.

사자는 사슴을 쫓아왔다.

사슴은 가늘고 긴 다리로 번개같이 도망을 쳤다. 어찌나 빠른지 사자는 제대로 따라갈 수가 없었다. 그런데 그만 그 훌륭한 뿔이 나뭇가지에 덜컥 걸리고 말았다.

사슴은 죽을 힘을 다하여 빠져 나오려고 하였지만, 어찌나 단단하게 걸렸는지 뿔은 빠질 생각도 하지 않았다.

이 때 사슴의 뒤를 헐떡거리며 따라오던 사자가 드디어 사슴의 목을 물었다.

사슴은 죽어 가면서 슬프게 부르짖었다.

"내가 잘못 생각했어. 가늘고 보잘것없는 다리가 나를 살려 주었는데, 크고 자랑스러운 뿔 때문에 죽게 될 줄은 몰랐어."

만찬회

어느 나라에 임금님이 있었다.

임금님은 많은 신하들을 만찬회에 초대하였다.

"여러분의 수고가 많아서 내 이렇게 잔치를 벌여 대접하려하오."

그러나 그 잔치가 언제 열리는지는 가르쳐 주지 않았다. 그것은 신하들이 얼마나 똑똑한가를 알기 위해서였다.

현명한 신하들은 이렇게 생각하였다.

'임금님이 하시는 일이니까 잔치는 아무 때고 열릴 수 있을 거야. 그러니 그 잔치에 참석할 수 있도록 모든 준비를 하고 있어야지.'

현명한 신하들은 아침 일찍부터 대궐문 앞에 가서 기다리고 있었다.

그러나 어리석은 신하들은 이렇게 생각하였다.

'음식을 준비하려면 아무래도 시간이 걸릴 거야. 그러니 잔치가 열릴 때까지 아직 시간이 있어.'

어리석은 신하들은 아무 준비도 하고 있지 않았다.

이윽고 잔치가 벌어지자 현명한 신하들은 곧 참석하여 맛있는 음식을 배불리 먹을 수 있었다.

그러나 어리석은 신하들은 그 화려한 잔치에 참석하지도 못하였다.

지구의

한 장학관이 어느 조그마한 시골의 초등학교를 시찰하러 왔다.

그들은 교실로 가서 학생들이 공부하는 것을 살펴보고 있었다.

사회 시간이어서 담임 선생님의 교탁 위에 지구의가 놓여 있었다.

장학관이 한 학생에게 물었다.

"이 지구의는 왜 기울어졌나요?"

질문을 받은 어린 학생은 얼굴이 빨개져 더듬거리며 대답하였다.

"제가 그렇게 한 것이 아닙니다."

전혀 엉뚱한 대답에 장학관은 어이가 없어서 옆에 서 있던 담임 선생님에게 호통을 쳤다.

"선생님은 아이들을 어떻게 가르쳤기에 이런 대답이 나오게 합니까?"

그러자 담임 선생님도 얼굴을 붉히면서 더듬더듬 대답을 하였다.

"이 지구의는 처음 사올 때부터 이렇게 기울어져 있었습니다."

장학관은 더욱 어이가 없었다. 그래서 교장 선생님을 오라고 하였다.

교장 선생님은 장학관의 말을 듣자 곧 담임 선생님에게 호령하였다.

"내가 얼마나 주의를 주었습니까? 학교의 교재를 살 때는 절대로 고물상에 가지 말라고."

부끄러움

어떤 마을에 대머리인 사람이 살고 있었다.

그 머리가 벗겨진 사람은 자신이 나이가 많지 않은데도 대머리가 되었기 때문에 부끄럽게 생각하고 있었다.

그래서 어떻게 해서라도 벗겨진 머리를 감추려고 많은 신경을 썼다.

여름에는 햇볕을 가리는 밀짚모자를 쓰고, 겨울이 되면 털모자를 써서 대머리를 감추어야만 하였다. 그러나 집 안에 들어오면 모자를 벗어야 하였기 때문에 할 수 없이 대머리가 보이곤 하였다.

동네의 어린아이들은 손가락질하며 놀리거나 웃어 대었다.

이 대머리 사나이가 멀리 여행을 떠나게 되었다.

"다른 지방으로 가면 내가 대머리라는 것을 아는 사람이 없으니, 가

발을 써도 될 거야.”

대머리 사나이는 가발을 구하여 썼다. 그랬더니 대머리는 감쪽같이
사라졌다.

그 사나이는 기분이 좋아 콧노래를 부르면서 말을 타고 길을 떠났다.

어떤 마을에 들어섰을 때였다.

갑자기 회오리바람이 불어 대머리 사나이가 쓰고 있던 가발이 벗겨지
고 말았다.

“하하하, 저 사람은 알고 보니 대머리였구나.”

길가에 있던 사람들은 대머리 사나이를 손가락질하며 웃어 대었다.

대머리 사나이는 말에서 내려 가발을 집어들며 퉁명스럽게 말하였다.

“뭐가 우스워서 그렇게 웃어 대시오? 내 것도 아닌 머리털이 바람에
날렸다고 뭐가 그렇게 이상하다는 말이오? 오히려 자기 머리털을 이

렇게 떼어 버린 사람이 더 이상하지요!"

감사하는 마음

이 세상에 제일 먼저 태어난 사람은 빵 한 조각을 만들어 먹기 위하여 얼마나 많은 일을 했는지 생각해 보았는가?

먼저 험한 땅을 갈아 밭을 만들어야 하였다.

또 씨앗을 뿌리고 가꾸고, 그것을 수확하고 빻아 밀가루로 만들었다.

어디 그것뿐인가?

그 밀가루를 반죽하여 불을 피우고 구워야 하였다. 이렇게 적어도 15가지 이상의 과정을 거쳐야 빵을 만들 수 있었다.

그러나 지금은 돈만 있으면 빵집에 가서 맛있게 만들어 놓은 빵을 사 올 수 있다.

옛날에는 한 사람이 해야 했던 15가지 이상의 과정을 요즘에는 여러 사람이 나누어 하고 있기 때문이다.

그렇기 때문에 우리는 빵을 먹을 때 그것을 만든 여러 사람들에게 감사하는 마음을 잊어서는 안 된다.

또 세상에 처음 태어났던 사람들은 자기 몸에 걸칠 옷 하나를 만들기 위하여 얼마나 수고를 했는지 생각해 보았는가?

제일 먼저 양을 사로잡아 길러야 하였다. 그리고 그것을 키워 털을 깎아서 실로 만들고, 그 실로 옷감을 짜야만 하였다.

또 그 옷감을 꿰매어 입기까지 많은 노력을 해야만 하였다.

하지만 지금은 돈만 내면 양복점이나 백화점, 옷 가게에서 얼마든지 마음에 드는 옷을 사 입을 수가 있다.

옛날에는 혼자 해야만 했던 많은 일들을 여러 사람이 나누어 해 주고 있기 때문이다.

그렇기 때문에 옷을 입을 때에는 그것을 만들어 준 많은 사람들에게 감사하는 마음을 잊어서는 안 된다.

말이 하늘을 날게 하겠다

한 사나이가 임금으로부터 노여움을 사 사형을 당하게 되었다.

사나이는 임금 앞에 끌려나와 손이 발이 되도록 빌었다. 어떻게 해서라도 사형을 면하려고 그는 온갖 힘을 다하였다.

"임금님, 한 번만 살려 주십시오."

그러나 임금의 노여움은 아주 커서 신하에게 사정없이 명령을 내렸다.

"여봐라! 이 놈을 끌어 내어 처형해 버려라."

명령이 떨어지자 신하들이 달려와 그 사나이를 끌어 내기 시작하였다. 그 사나이는 끌려가면서 더욱더 큰 목소리로 부르짖었다.

"임금님, 저에게 1년의 여유를 주십시오. 그러면 임금님께서 가장 아끼시는 말이 하늘을 날 수 있도록 해 드리겠습니다."

이 말을 들은 임금은 귀가 솔깃해졌다.

"잠깐만 기다려라. 그 놈의 말을 들어 보자."

다시 임금 앞으로 끌려온 사나이에게 임금이 물었다.

"지금 네가 한 말을 다시 해 보아라!"

사나이는 다시 대답하였다.

"네, 제가 1년 안에 임금님께서 제일 사랑하시는 말에게 하늘을 나는 방법을 가르치겠습니다."

이 말에 임금은 고개를 갸웃거렸다. 도저히 믿을 수 없는 말이었기 때문이다.

"만약 네 말대로 안 된다면?"

"그 때는 임금님께서 내리시는 사형을 달게 받겠습니다."

"그게 정말이냐? 그렇다면 좋다."

이렇게 해서 사나이는 사형 집행이 연기되었다. 그러나 다시 감옥으로 갔다.

같은 감옥에 있던 죄수들은 그 사나이가 죽지 않고 살아온 것이 반갑기도 하고 의아하기도 하여 어찌 된 영문인가를 물었다.

사나이는 임금 앞에서 했던 말을 다시 들려주었다.

이 말을 들은 죄수들은 놀란 입을 다물지 못하였다. 그 중 나이가 많은 죄수가 물었다.

"여보게, 자네는 어쩌자고 그런 터무니없는 거짓말을 했는가?"

사나이는 태연하게 되물었다.

"왜, 걱정이 되십니까?"

"걱정이 되고말고. 만약 1년 뒤에 그렇게 되지 않으면 그 때는 어떻게 할 작정인가?"

사나이는 아무 걱정 말라는 듯이 말하였다.

"그 때 가서 죽으면 되지 않습니까?"

"그게 무슨 말이지?"

나이 많은 죄수는 놀라는 표정으로 물었다.

그러자 사나이는,

"그것이 지금 당장 사형을 당하는 것보다 낫지 않습니까? 1년이나 연기되었으니까요."

하고 말하였다.

"그것도 그럴듯하군."

나이 많은 죄수도 사나이가 꾸며 낸 거짓말을 그때서야 이해할 수 있었다. 사나이는 낮은 목소리로 말하였다.

"저는 이런 생각을 했습니다. 약속을 한 1년 안에 임금님이 죽을지도 모르는 일입니다. 또 그 말이 죽어 버릴지도 모릅니다. 그리고 또 제가 무슨 다른 일로 죽을 수도 있다는 생각 말입니다."

나이 많은 죄수는 묵묵히 듣고만 있었다.

사나이는 계속 말하였다.

"앞으로 1년 안에 정말 무슨 일이 일어날지는 아무도 모릅니다. 1년만 있으면 말이 정말 하늘을 날을 수도 있을지 모르는 일 아닙니까?"

나이 많은 죄수는 사나이의 말에 큰 감명을 받았다.

누가 옳은 사람인가

손님을 잔뜩 태운 배 한 척이 바다를 항해하고 있었다.

그런데 바람이 강하게 불고 파도가 높게 일더니 이윽고 항로를 잃고 말았다.

아침이 되자 바다는 다시 조용해지고 푸른 물결 위로 아침 해가 솟아올랐다.

그리고 어느 아름다운 섬이 가까이에 있는 것을 보았다. 밤새 폭풍우에 지친 선원들과 손님들은 섬을 보자, 배의 닻을 내리고 잠시 쉬어 가기로 하였다.

섬은 참으로 아름다웠다. 온갖 꽃이 다투어 피어 있었고, 신선하고 먹음직스러운 과일들이 주렁주렁 매달려 있었다. 또 이름 모를 새들이 녹음 사이에 앉아 다정하게 지저귀고 있었다.

배에서 내린 손님들은 다섯 패로 나뉘어 섬에 올라갔다.

첫째 패들은 자기들이 섬에 올라가 있는 동안 순풍이 불어 배가 떠나가 버릴지도 모른다고 생각하였다. 그래서 섬이 아무리 아름답고, 먹음직스러운 과일이 많아도, 자기들의 목적지에 가고 싶은 마음으로 아예 섬에 올라가지 않고 배에 남아 있었다.

둘째 패들은 서둘러 섬으로 올라가서 향기로운 꽃향기를 맡으며 나무 그늘 아래에서 맛있는 과일을 따먹었다. 그러다가 기운을 회복하자 곧 배로 돌아왔다.

셋째 패들은 섬에 올라가 너무 오래 있었다.

그러다가 순풍이 불어 오자 배가 떠날 것으로 알고 허겁지겁 달려왔다. 이 바람에 지니고 있던 물건들을 잃어버리기도 하고 자기들이 앉았던 배 안의 좋은 자리를 남에게 다 빼앗기고 말았다.

넷째 패들은 순풍이 불어 선원들이 닻을 걷어올리는 것을 보았지만 돛을 올리려면 아직 시간이 있고, 또 선장이 자기들을 남겨 놓고 떠나지는 않을 것이라 믿고 그대로 섬에 남아 뒹굴고 있었다.

그러다가 정작 배가 포구를 떠나자 허둥지둥 넘어지고 자빠지며 헤엄을 쳐서 가까스로 배에 올라탈 수 있었다.

그래서 바위와 뱃전에 부딪친 상처로 인하여 항해가 끝날 때까지 고생하지 않으면 안 되었다.

다섯째 패들은 마음껏 과일을 따먹고 새들의 노랫소리와 섬의 아름다운 경치에 완전히 넋을 잃었다.

그래서 출항을 알리는 뱃고동 소리도 듣지 못하였다. 배가 떠나 버리자 그 사람들은 숲 속의 맹수들에게 잡아먹히거나, 독이 있는 열매를 먹어 병이 들기도 하여 얼마 후에는 마침내 모두 죽어 버리고 말았다.

여러분은 어느 패에 속하는가 생각해 보았는지 궁금하다.

이 이야기에 나오는 배는 세상을 살아가는 데 있어서 올바름을 상징

하는 것이다. 그리고 섬은 즐거움을 뜻하는 것이다.

첫째 패들은 세상을 살아가면서 즐거움이라고는 전혀 맛보려 하지 않는 사람들이다.

둘째 패들은 세상을 살아가면서 즐거움을 약간 맛보기는 하였지만 배를 타고 목적지까지 가야 한다는 의무감을 잊어버리지는 않았다. 이들이 가장 현명한 사람들이라고 할 수 있다.

셋째 패들은 지나치게 즐거움을 구하려고 하지는 않았지만 역시 고생을 좀 하였다.

넷째 패들은 역시 올바른 행동으로 돌아오기는 하였지만, 온통 상처투성이가 되어 하마터면 죽을 뻔한 고생을 하였다.

다섯째 패들은 인생을 살아가면서 즐거움만을 추구한 자들로 배를 타고 목적지까지 가야 하는 의무감을 저버린 사람들이다.

개와 우유

어떤 집에서 개를 기르고 있었다.

그 개는 무척 영리하였기 때문에 온 가족의 사랑을 받았다. 그리고 이 집 식구들과 오랫동안 함께 생활을 해서 한 식구처럼 살았다.

특히 식구 중에서도 어린 아들이 그 개를 사랑하여 잘 때에도 한 침대에서 같이 자고, 그 개와 한마음이 되어 생활하였다.

그러던 중 어느 날 그 개가 그만 죽고 말았다. 그러자 아들은 한없이 슬프게 울었다.

아버지는 슬퍼하는 아들을 달래며 위로해 주었다.

"개는 언젠가는 꼭 죽게 마련이란다. 또 예쁜 개를 한 마리 사서 기르면 되지 않겠니?"

아들은 겨우 울음을 멈추고 아버지에게 말하였다.

"아버지, 그 개는 제 형제처럼 가깝게 지냈던 아주 충직한 친구예요. 그냥 갖다 버리지 말고, 집의 뒤뜰에 묻겠어요."

물론 아들도 개와 사람은 서로 다르다는 것은 알고 있었지만, 그러나 그 개를 아무 곳에나 내다 버리는 것은 참을 수 없다고 생각하였다.

아버지는 그 말을 듣고 머리를 저으면서 말하였다.

"그건 안 돼. 개를 집 안에다 묻을 수는 없는 일이잖니?"

나머지 식구들도 이 일에 대하여 제각기 자기 생각을 내세웠다.

"아버지, 뒤뜰에다 깊이 파고 묻어 주는 것이 어떻겠어요?"

큰아들은 동생의 편을 들기도 하였다.

이렇게 되자 아버지는 이 일의 해결을 위하여 랍비를 찾아갔다. 그리고 유대 전통 중에 개를 묻어 주는 의식도 있는지에 대해 물었다.

랍비는 지금까지 많은 상담을 해 왔지만, 개에 대한 것은 이번이 처음이었다. 그러나 개의 죽음을 슬퍼하고 있을 어린 아들의 모습이 떠오르자, 랍비는 일단 그 집을 한번 찾아가 보겠다고 약속하였다.

랍비는 그 집을 찾아가기 전에 〈탈무드〉에 개에 관한 어떤 이야기가 있는가를 찾아보았다.

그런데 〈탈무드〉에 마침 다음과 같은 좋은 이야기가 있었다.

어떤 집에서 개를 한 마리 키우고 있었다. 그 개는 무척 영리하여 가족들은 개를 마치 한 식구처럼 생각하며 살았다.

어느 날이었다.

개는 마당 한가운데로 뱀 한 마리가 지나가는 것을 보았다.

개는 뱀을 보며 사납게 짖어 대었다. 그러나 사람들은 모두 일을 하러 나가서 아무도 없었기 때문에 개가 왜 짖어 대는지를 몰랐다.

뱀은 무서운 독을 지닌 독사였다. 독사는 마당을 지나 문이 열려 있는 곳간으로 갔다. 개는 그것이 독사라는 것을 알고는 계속 짖으며 뱀의 뒤를 따라갔다.

곳간으로 들어간 독사는 공교롭게도 우유가 들어 있는 커다란 그릇 속으로 들어갔다.

개는 계속해서 짖었지만 독사가 그 속으로 들어가는 것을 막을 수는 없었다.

옛날 이스라엘의 농촌에는 독사가 아주 많았다.

우유 그릇 속에 들어간 독사는 입을 벌리고 우유를 휘저었다. 그 때 독사의 입에서 독이 흘러나와 우유에 녹아드는 것을 개는 보았다.

이윽고 독사는 우유 그릇에서 나와 어디론가 사라져 버렸다. 그래도 개는 곳간 문 앞에서 떠나지 않고 있었다.

이 사실을 알고 있는 것은 집에 있던 개뿐이었다.

저녁때가 되어 밭에 일을 하러 나갔던 가족들이 돌아와 저녁식사를 하게 되었다.

이 집의 안주인이 우유를 꺼내러 곳간으로 들어서자 개는 무섭게 짖어 대기 시작하였다.

"이 개가 오늘은 왜 이렇게 짖어 댈까?"

식구들은 그 개가 왜 그렇게 심하게 짖어 대는지 알지 못하였다.

안주인은 얼굴을 찡그리면서 우유를 퍼들고 밖으로 나왔다. 그러자 개는 안주인의 옷을 물어 당기며 마구 짖어 대었다.

"저리 비켜!"

안주인은 화를 내며 개를 밀쳐 버렸다. 그래도 주인 여자는 개가 왜 짖는지를 몰랐다.

우유를 들고 안으로 들어가려 할 때 개는 드디어 껑충 뛰어올라 안주인이 들고 있는 그릇을 앞발로 차서 떨어뜨리게 하였다.

"이게 무슨 짓이냐?"

안주인은 우유가 쏟아지자 화가 나서 회초리로 개를 때렸다.

그래도 개는 도망치지 않고 안주인이 보고 있는 앞에서 그 우유를 핥아먹었다.

"옳아, 네가 우유가 먹고 싶었던 모양이로구나!"

안주인은 이렇게 말하며 다시 곳간으로 우유를 가지러 가려 하였다.

그러다가 깜짝 놀라 소리를 쳤다.

"큰일났어요! 누가 좀 나와 봐요."

이 소리를 듣고 식구들이 모두 달려나왔다.

우유를 핥아먹은 개는 금방 몸을 뒤틀더니 곧 죽어 버렸다. 독사의 독이 섞인 우유를 먹은 개는 살아날 수가 없었던 것이다.

그 때서야 식구들은 그 우유에 독이 들어 있다는 사실을 알게 되었다.

안주인은 얼굴이 새파랗게 질려서 어쩔 줄을 몰랐다.

"이를 어쩌나! 우유 속에 독이 들어 있어서 개가 그렇게 짖어 댄 것을 전혀 몰랐어요."

주인 남자도 죽은 개를 쓰다듬으며 중얼거렸다.

"이 개가 우리들 대신 죽었구려!"

충직한 개는 우유 속에 독이 섞여 있다는 것을 알리기 위하여 식구들이 보는 앞에서 독이 든 우유를 먹고 죽은 것이었다.

이 개의 소문은 금방 온 마을에 퍼졌다.

그 집 식구들은 마당쪽에 정성스레 개의 무덤을 만들어 주었다.

그렇게 죽은 개는 랍비들로부터도 칭송을 받았다.

랍비는 그 집을 찾아가 식구들에게 탈무드에 있는 이 이야기를 들려주었다.

그 때서야 아버지의 마음도 풀어졌고, 어린 아들의 희망대로 그 개는 집안 뒤뜰에 묻혔다.

잃어버린 물건

로마 거리에 이런 공고문이 붙어 있었다.

왕비께서 대단히 귀한 보석을 잃어버렸다. 30일 이내에 그것을 찾아 주는 자에게는 후한 상과 상금을 주겠다. 그렇지만 만일 30일이 지난 후에 그 보석을 가지고 있는 자가 발견되면 즉시 사형에 처할 것이다.

로마를 방문 중이던 한 랍비가 이 공고문을 보았다.

그런데 그 랍비는 우연히 그 보석을 발견하여 줍게 되었다.

랍비는 30일이 지난 31일째 되는 날 그 보석을 가지고 대궐로 들어가 왕비 앞에 바쳤다.

그러자 왕비가 날카롭게 말하였다.

"당신은 한 달 전 공고문을 발표하였을 때 이 곳 로마에 있었나요?"

랍비는 공손하게 그렇다고 대답하였다.

"30일이 지난 후에 이것을 가져오면 당신이 어떤 처벌을 받게 된다는 것도 알고 있었나요?"

"왕비 마마, 그것도 분명히 알고 있었습니다."

그러자 왕비는 다시 안타깝게 물었다.

"그러면 어째서 30일이 지나도록 이것을 갖고 있었나요? 만일 어제만 가져왔어도 당신은 많은 상금을 받을 수 있었을 것 아니오? 당신은 목숨이 아깝지도 않나요?"

그러자 랍비는 조용히 말하였다.

"만일 30일 이전에 제가 이 물건을 왕비님께 되돌려 드렸다면, 사람들은 제가 왕비 마마를 두려워하거나 존경을 표하기 위하여 가져왔다고 오해할 것입니다. 제가 오늘까지 기다렸다가 이것을 가져온 것은, 나는 결코 왕비님을 두려워하지 않는다는 것을 보여 드리기 위해서였습니다. 내가 두려워하는 것은 오직 하나님뿐이라는 것을 많은 사람들에게 가르쳐 주고 싶었기 때문입니다."

이 말에 왕비는 자리를 고쳐 앉은 뒤, 부드러운 목소리로 말하였다.

"훌륭하신 하나님을 가진 당신에게 깊은 경의를 표하오!"

왕비는 랍비에게 진정으로 감사의 마음을 가졌다.

하나님

어떤 로마 사람이 랍비를 찾아와서 비꼬는 말투로 물었다.

"당신들은 하나님 이야기만 하고 있는데, 하나님이 정말로 있다고 생각하시오?"

랍비는 서슴지 않고 대답하였다.

"물론 하나님은 계십니다."

"그렇다면 그 하나님이 도대체 어디에 있습니까? 하나님이 어디에 있는지 가르쳐 주면 나도 하나님을 믿겠소."

랍비는 이 로마 사람이 유대 인에 대하여 나쁜 감정을 가지고 있다는 것을 알았다. 그리고 이 심술궂은 질문을 못 들은 척할 수도 없었다.

그래서 랍비는 그 로마 사람을 밖으로 데리고 나가 태양을 가리키며 넌지시 말하였다.

"저 태양을 똑바로 쳐다보시오."

그러자 로마 사람은 태양을 잠깐 쳐다보고는 눈이 부셔 얼른 눈을 딴 데로 돌리면서 소리쳤다.

"엉터리 같은 소리는 집어치우시오! 어떻게 태양을 똑바로 쳐다볼 수 있단 말이오?"

그러자 랍비는 다음과 같이 말했다.

"하나님께서 창조하신 많은 것 가운데 하나인 태양조차 바로 쳐다볼 수 없다면 어떻게 위대하신 하나님을 당신의 눈으로 볼 수 있겠소?"

로마 사람은 더 이상 아무 말도 하지 못하고 물러갔다.

술 주 정

한 사람이 랍비에게 어려운 질문을 하였다.

"랍비님, 사람이 술을 마시면 취하는 이유가 도대체 뭡니까?"

"재미있는 질문입니다."

랍비는 다음과 같이 설명해 주었다.

"사람의 몸 속에는 착함과 악함이 동시에 들어 있습니다. 왼쪽에 있는 것은 악함이고 오른쪽에 있는 것은 착함이라는 것입니다. 그런데 술이 뱃속으로 들어가면 뱃속에 홍수가 일어납니다. 그러면 오른쪽의 착함과 왼쪽의 악함이 물난리를 만나 서로 뒤죽박죽 섞여 버리고 맙니다. 그렇기 때문에 술에 취한 사람은 하는 말도 뒤죽박죽이고 하는 행동도 비틀거리고 몸을 바로잡지 못하는 것입니다."

랍비의 설명이 끝나자 그 사람은 랍비를 골탕 먹이기 위하여 이런 질

문을 하였다.

"랍비님, 그렇다면 뱃속에 술이 아니라 물이 들어가도 홍수가 나기는 마찬가지일 테니, 물을 먹어도 취할 것이 아니겠습니까?"

이 말에 랍비는 오히려 어이가 없다는 듯이 이렇게 대답하였다.

"그래서 당신은 늘 바보 취급을 당하고 있는 겁니다. 당신은 지금까지 물 마시고 취한 사람을 본 일이 있습니까?"

아들의 재주

한 아버지가 아들을 위하여 유대 인 선생님을 가정교사로 모셨다.

하루는 아버지가 아들이 공부하고 있는 방을 살짝 들여다보았다. 그랬더니 놀랍게도 선생님은 아들에게 아버지가 죽은 다음에 외우는 경문을 가르치고 있었다.

깜짝 놀란 아버지는 방으로 뛰어들어가 선생님에게 소리를 쳤다.

"선생님, 저는 아직 젊고 팔팔해서 죽을 때가 멀었습니다. 그런데 그런 경문을 외우게 하다니, 너무하지 않습니까?"

그러자 선생님은 태연하게 이렇게 말하였다.

"아, 그건 걱정하지 않으셔도 됩니다. 왜냐하면 이 학생이 경문 전부를 외울 무렵이 되면 당신은 이미 백 살은 먹게 될 것입니다."

우산과 도둑

시골에서 농사를 짓는 한 농부가 가까운 도시로 물건을 사러 갔다.

농부는 유대 인들이 장사를 하는 가게를 몇 군데 돌면서 물건을 샀다. 그리고 맨 나중에 연쇄점에 들러 사고 싶은 물건을 다 샀다.

농부는 이 곳에 올 때는 비가 왔기 때문에 우산을 가지고 왔었다. 그런데 비가 그쳤기 때문에 깜박 잊고 집으로 돌아오다가, 문득 우산을 두고 온 것이 생각났다.

"어디다 두고 왔는지 모르겠구나……."

그래서 농부는 물건을 사러 들어갔던 가게들을 처음부터 다시 들러 보기로 하였다.

농부는 유대 인이 하는 가게부터 들어갔다. 농부가 말하였다.

"아까 물건을 사러 왔다가 우산을 이 곳에 놓고 간 것 같아서……."

첫 번째 가게 주인은 안을 둘러보고 나서,

"우산을 보지 못했는데요."

하고 말하였다.

농부는 두 번째 가게로 갔다.

"글쎄요, 그런 우산은 보지 못했는데요."

그 곳 주인의 말이었다.

농부는 물건을 사러 갔던 유대 인 가게를 모두 다 찾아갔지만, 대답은 다 똑같이 그런 우산은 보지 못하였다는 것이었다.

농부는 마지막으로 갔던 연쇄점을 찾아갔다. 그랬더니 연쇄점 주인이 나오면서,

"우산을 놓고 가셨더군요. 여기 있습니다."

하고는 우산을 내주었다.

농부는 잃어버렸던 우산을 찾아 집으로 돌아왔다.

저녁을 먹는 자리에서 농부는 못마땅한 듯이 입을 열었다.

"유대 인들이란 역시 모두가 도둑놈들이고 거짓말쟁이야."

농부의 아내가 어리둥절하여 물었다.

"왜 그러시나요?"

"나는 오늘 물건을 사 가지고 오다가 우산을 놓고 온 생각이 나서 되돌아갔거든. 그래서 처음부터 물건을 샀던 유대 인 가게를 모두 다 찾아갔지만, 그놈들은 한결같이 내 우산을 보지 못했다는 거야."

"그래서 어떻게 하셨어요?"

"마지막으로 연쇄점에 들어갔더니 연쇄점 주인이 내가 말을 채 꺼내기도 전에 '이 우산을 놓고 가셨지요?' 라면서 내주지 않겠어."

"……."

농부의 아내는 물론 아이들까지도 농부의 말에 무엇인가 잘못된 점이 있다고 생각하였다.

그런데 농부는 끝으로 다시 이렇게 말하였다.

"연쇄점 주인 같은 사람이야말로 믿을 수 있고 정직한 사람이라고 할 수 있지."

반유대 인

로마의 역대 황제 가운데 유대 인을 가장 미워했던 '하드리아누스' 라는 황제가 있었다.

어느 날 한 명의 유대 인이 이 황제 앞을 지나가게 되었다.

"폐하, 안녕하십니까?"

그 사람이 공손히 인사를 하였다. 그러자 황제가 물었다.

"너는 누구냐?"

"예, 저는 유대 인입니다."

이 말을 들은 황제는 즉시 부하들에게 이렇게 말하였다.

"당장 저 놈을 사형에 처하라!"

가엾게도 그 유대 인은 아무 죄도 없이 죽고 말았다.

다음 날, 또 한 명의 유대 인이 황제 앞을 지나가게 되었다. 그런데 그는 황제에게 인사를 하지 않았다.

황제는 다시 부하들에게 명령을 내렸다.

"대로마 제국의 황제에게 경의를 표하지 않는 저놈을 붙잡아 사형에 처하라!"

옆에 있던 신하 한 명이 이상한 생각이 들어서 황제에게 물었다.

"폐하, 폐하께서는 어제 폐하께 인사를 한 유대 인을 벌주셨습니다. 그런데 오늘은 또 인사를 하지 않았다는 죄목으로 유대 인을 죽이셨는데, 그 까닭을 알 수가 없습니다."

그러자 황제는 이렇게 대답하였다.

"내가 한 행동은 둘 다 옳은 것이다. 그대들은 잘 모르지만 나는 유대 인을 취급하는 방법을 잘 알고 있단 말이야."

술의 역사

이 세상에 처음 태어난 사람이 포도나무를 심고 있었다.

그 때 악마가 찾아와서 물었다.

"당신은 지금 무엇을 하고 계십니까?"

그 사람이 대답하였다.

"지금 신기한 식물을 심고 있습니다."

그러자 악마는,

"이런 식물은 정말 처음 보는군요."

하면서 감탄을 하였다.

악마가 감탄하는 것을 보자 그 사람은 악마에게 다음과 같이 설명해 주었다.

"이 식물에는 아주 달콤하고 맛있는 열매가 열리는데, 그 열매가 익은 다음에 그 즙을 내어 마시면 아주 행복해진답니다."

악마는 자기도 그것을 꼭 먹어 보고 싶었다.

"그러면 저와 같이 가꾸면 안 될까요?"

"어려운 일이 아니니 같이 가꾸도록 합시다."

이렇게 하여 그 사람은 악마와 함께 포도나무를 가꾸게 되었다.

악마는 양과 사자, 그리고 원숭이와 돼지를 데리고 왔다. 그리고는 이 짐승들을 죽여 그 피를 거름으로 썼다.

그리하여 포도나무는 무럭무럭 자라나 탐스러운 열매를 맺게 되었다.

포도주는 이렇게 세상에 처음 생겨났다는 것이 유대 인의 전설이다.

술을 처음 마시기 시작할 때에 사람들은 양같이 온순하다. 그러나 조금 더 마시면 사자처럼 사나워져 아무하고나 싸우려 하게 된다.

거기서 조금 더 마시면 원숭이처럼 춤을 추거나 노래를 부르며 우스꽝스러운 행동을 하게 된다. 그리고 조금 더 많이 마시게 되면 토하거나 뒹굴고 하여 돼지처럼 추하게 된다.

이것은 악마가 인간들에게 준 선물이기 때문이다.

잘못 산 땅

랍비와 잘 아는 사람이 찾아왔다.

"랍비님, 땅을 사시겠다고 하셨죠?"

랍비가 대답하였다.

"그렇습니다. 어디 쓸 만한 땅이라도 있나요?"

"예, 저와 같이 가서 땅을 보도록 하십시오."

랍비는 그 사람을 따라 땅을 보러 갔다.

그 사람이 가르쳐 준 땅은 바로 랍비가 사고 싶어하던 곳이었다.

"좋습니다. 땅 주인을 만납시다."

그 사람은 랍비를 데리고 땅 주인에게 갔다. 두 사람이 땅을 사기 위하여 땅값을 정하고 있었다.

이 때, 또 다른 랍비가 오더니 미안하다는 말 한마디 없이 서둘러 그 땅값을 지불하고는 그 땅을 가로채어 계약해 버렸다.

이 광경을 보고는 땅을 소개하였던 사람이 이런 이야기를 꺼내었다.

"어떤 사람이 과자를 사려고 제과점에 들어갔습니다. 그랬더니 자기보다 먼저 온 손님이 그 과자를 사기 위해 살펴보고 있었습니다. 마음에 들면 사려고 꼼꼼히 살피고 있었던 겁니다. 그런데 나중에 들어온 사람이 '이 과자는 내가 삽니다.' 하고는 그 과자를 사 버렸다면, 여러분들은 그 사람을 어떻게 생각하겠습니까? 어떤 사람이 예의를 모르는 사람입니까?"

이 말을 듣고 나중에 와서 땅을 사 버린 랍비가 대답하였다.

"그거야 나중에 와서 과자를 사 버린 사람이 예의가 없는 것이지요."

그러자 물어 본 사람이 말하였다.

"랍비님이야말로 그 과자를 사 버린 사람과 똑같은 사람입니다. 랍비님께서 이번에 그 땅을 계약하셨지만, 다른 사람이 랍비님보다 먼저 그 땅의 값을 흥정해 결정했는데, 랍비님이 그 땅을 산 겁니다."

"그렇다면 미안하게 되었습니다. 그러면 이 문제를 어떻게 해결하는 것이 좋을까요?"

땅을 산 랍비가 미안한 표정으로 말하였다.

땅을 소개한 사람이 한 가지 방법을 생각해 내었다.

"땅을 사신 랍비님께서 그 땅을 다시 처음에 사려던 랍비님께 다시 팔면 되지 않겠습니까?"

땅을 산 랍비는 이 의견에 반대를 하였다.

"그건 안 됩니다. 내가 금방 산 땅을 또 다른 사람에게 파는 일은 싫습니다."

그러자 땅 소개를 한 사람이 또 다른 방법을 생각해 내었다.

"그러면 랍비님께서 땅을 사려던 랍비님께 그 땅을 선물로 드리면 어떨까요?"

"그것 참 좋습니다. 그렇게 하지요."

그러나 이번에는 첫 번째 랍비가 반대를 하고 나섰다.

"절대로 안 될 말이오. 나는 남의 물건을 거저 선물로 받는 것은 싫소."

그러자 사람들은 여러 가지 방법을 강구하였다.

그러다가 땅을 산 랍비가 말하였다.

"그러면 내가 산 땅을 학교에 기부하겠소."

그리하여 그 땅은 학교에 기부하게 되었다.

위기에서 벗어난 부부

결혼한 지 10년이 되는 부부가 있었다.

이 부부는 서로 몹시 사랑하여 남들이 보기에도 퍽 행복해 보였다.

그러던 어느 날, 갑자기 남편이 랍비를 찾아왔다.

"무슨 일로 오셨습니까?"

남편은 힘없이 대답하였다.

"저는 아내와 헤어지려고 합니다. 그래서 이혼을 허락해 달라고 온 것입니다."

랍비는 이들 부부를 잘 알고 있었던 터라, 설마 부부 사이가 이렇게 불편해진 줄은 생각도 하지 못하였다.

"당신은 무슨 이유로 사랑하는 아내와 헤어지려고 합니까?"

랍비의 물음에 남편은 이렇게 말하였다.

"저는 아내와 헤어지고 싶은 마음은 전혀 없습니다. 하지만 우리 가족과 친척들이 이혼할 것을 강요하고 있습니다."

"그 이유가 무엇입니까?"

"예, 저는 아내와 10년을 살았습니다만 아직 아이가 없습니다."

유대 인의 전통에 의하면, 결혼한 지 10년이 되어서도 아이를 얻지 못하면 이혼해도 된다고 말하고 있다.

이 부부는 헤어질 뜻은 전혀 없지만, 가족과 친척들의 압력이 너무도 커서 남편은 어쩔 수 없이 랍비를 찾아와 의논하게 된 것이었다.

"하지만 저는 아내와 헤어지더라도 아내에게 모욕감을 느끼게 해 주고 싶지는 않습니다."

예전에 이 부부가 함께 랍비를 찾아왔을 때도 두 사람의 진정한 사랑을 확인할 수가 있었다.

일반적으로 대부분의 랍비들은 이혼에 대해서는 반대하는 입장을 가지고 있다. 왜냐하면, 한 번 결혼에 실패한 사람은 다시 재혼을 하여도 똑같은 실패를 되풀이할 수 있기 때문이다.

랍비는 〈탈무드〉의 가르침에 따라 방법을 남편에게 일러 주었다.

"먼저 아내를 위한 성대한 잔치를 베풀고, 거기에서 지금까지 함께 살아오면서 보여 준 아내의 훌륭했던 점을 사람들에게 자랑하고, 아내에게 많은 사람들 앞에서 직접 인사말을 하라고 하십시오."

남편의 얼굴은 밝아졌다.

"정말 좋은 생각이십니다. 사실 우리는 싫어서 헤어지는 것이 아니라는 사실을 꼭 밝히고 싶었습니다."

랍비는 그에게 해야 할 말을 귀띔해 주었다.

"당신은 아내와 헤어지면서 무엇인가를 선물할 생각입니까?"

"물론입니다, 랍비님! 저는 헤어져야 할 아내에게 무엇인가 선물을 주고 싶은데, 그것은 아내가 계속해서 소중하게 간직하고 싶어하는 것으로 주었으면 좋겠습니다."

그래서 랍비는, 잔치가 벌어지고 있는 동안에 아내에게 이렇게 말하라고 일러 주었다.

"여보, 내가 가지고 있는 것 중에서 가장 간직하고 싶은 것 하나를 골라 봐요. 그것이 무엇이든지 당신에게 주겠소."

남편은 랍비의 말대로 따르겠다고 약속하였다.

드디어 잔치가 벌어졌다. 이 부부의 이혼을 위한 잔치였다. 그 자리에는 랍비도 참석하게 되어 있었다.

잔치가 진행되는 동안, 남편은 랍비가 지켜보는 자리에서 아내에게 물었다.

"여보, 내가 가지고 있는 것 중에서 가장 간직하고 싶은 것 하나를 골라 봐요. 그것이 무엇이든지 당신에게 주겠소."

이 때 랍비가 아무도 모르게 아내의 귀에 대고 뭐라고 속삭였다.

그 사람의 아내는 여러 사람들이 듣는 자리에서 남편을 향하여 눈물을 흘리면서 말하였다.

"저는 다른 것은 하나도 필요하지 않아요. 제가 가장 원하는 것은 '남편'인 당신을 소중하게 간직하고 싶은 거예요."

랍비의 앞에서 한 약속은 반드시 지켜야 한다. 결국 이들 부부의 이혼은 취소되었다.

그리고 세월이 지나 그 부부는 아이 둘을 낳고 행복하게 살았다.

사 랑

솔로몬 왕에게는 매우 아름답고 현명한 딸이 하나 있었다. 솔로몬 왕은 이 딸을 무척 사랑하였다.

그러던 어느 날 밤, 왕은 꿈을 꾸었다.

그 꿈을 통해서 딸의 남편 될 사람이 딸과는 어울리지 않는 사람이라는 것을 알게 되었다.

'내 딸을 그런 녀석에게 시집 보낼 수는 없어.'

이렇게 생각한 솔로몬 왕은 딸을 작은 섬으로 데리고 가서 별궁에 감금시켰다.

"이렇게 해 놓으면 그 녀석이 내 딸을 만날 수 없을 거야."

왕은 별궁 주변에 높은 담을 둘러치고 경비병까지 많이 배치해 놓고는 열쇠를 가지고 돌아왔다.

한편, 솔로몬 왕이 꿈 속에서 보았던 사나이는 어떤 벌판에서 혼자 헤매고 있었다. 밤이 되자 몹시 추웠기 때문에, 그는 죽은 사자의 시체 속에 들어가 잠을 잤다.

그 때, 큰 새가 날아와 사자의 털가죽과 함께 그 사나이를 들어올려 날아가, 공교롭게도 공주가 숨겨져 있는 별궁 안에 떨어뜨렸다.

그래서 결국 그 사나이는 공주를 만나게 되었고, 두 사람은 곧 사랑하는 사이가 되었다.

사랑은 모든 것을 초월하는 것이기 때문에, 아무리 먼 섬으로 데려가서 숨겨 놓았더라도 소용이 없는 것이었다.

방앗간

그 아저씨의 별명은 키다리였다. 키가 아주 커서 붙은 별명이었다.

키다리 아저씨는 방앗간을 가지고 있었다. 그 아저씨는 남들이 아직 곤하게 잠이 든 새벽에 일어나 열심히 일을 하였다.

아무도 그 아저씨가 편히 앉아서 쉬는 모습을 보지 못했을 정도였다.

동네 사람들은 모이기만 하면 그 키다리 아저씨의 이야기를 하였다.

"그 사람은 정말 부지런해. 돈도 많이 벌었다는군."

"그걸 말이라고 하나? 그렇게 부지런히 일하는데 부자가 되지 않을 리가 있나?"

과연 틀림없는 말이었다. 그토록 부지런히 일을 하는데 돈이 모이지 않을 리 없었다.

키다리 아저씨는 새로 방앗간 몇 개를 사기로 하였다.

그래서 지금 하고 있는 방앗간은 자기가 오랫동안 데리고 있던 땅딸보에게 빌려 주기로 하였다.

땅딸보는 키다리 아저씨의 방앗간에서 오래 일하고 있는 일꾼이었다. 이 땅딸보도 키다리를 본받아 열심히 일을 하였다. 방앗간을 빌려 줄 때, 키다리는 땅딸보와 이런 계약을 하였다.

키다리네 방앗간을 빌려 주는 돈 대신에 땅딸보는 키다리네 밀가루를 거저 빻아 주기로 한 것이었다.

그 외에는 땅딸보가 모든 이익을 차지하기로 하고 계약을 끝마쳤다.

얼마 뒤에 키다리는 새로 방앗간을 몇 개 샀기 때문에 땅딸보에게 밀가루를 빻아 달라고 할 필요가 없어졌다.

자기 방앗간에서만 빻아도 충분하였기 때문이다.

그래서 키다리는 땅딸보를 만나 이렇게 말하였다.

"여보게, 이젠 내 방아가 있으니 우리 집 밀가루는 내가 빻겠네. 그러니 방앗간 세는 이제 돈으로 계산해 주게."

그러나 땅딸보는 돈을 따로 내놓기가 싫었다.

"그렇게는 못하겠습니다. 처음 계약한 대로 당신의 밀가루를 계속 빻아 가세요."

이런 경우에 여러분은 어떻게 할 것인가?

거기에는 다음과 같은 해결 방법이 있다.

만약 키다리가 땅딸보의 방앗간에서 밀가루를 빻지 않아도 땅딸보가 방앗간 세를 돈으로 지불할 수 없다면, 처음에 계약한 대로 키다리의 밀가루를 빻아 주어야만 한다.

또 다른 방법은, 키다리네 밀가루를 빻아 주는 대신 다른 집 밀가루를 빻아 주어 거기에서 받은 돈으로 대신 방앗간 세를 물어주면 된다.

진실과 거짓

랍비를 찾아오는 사람들은 참으로 많다. 찾아오는 사람들은 모두가 갖가지 문제들을 안고 와서 판단을 부탁한다.

그러나 이렇게 수많은 문제들 중에서 한 가지도 같은 문제는 없다.

그렇지만 한 가지 공통점이 있다. 그것은 누군가가 거짓으로 말하고 있든지, 아니면 자신도 거짓말하고 있는지조차 모르면서 랍비에게 하소연을 한다는 것이다.

진실과 거짓을 분별하는 것은 극히 어려운 일이다.

탈무드에는 이를 분별하는 방법을 다음과 같이 가르치고 있다.

첫 번째 이야기이다.

솔로몬 왕은 매우 현명한 왕으로 알려져 있었다.

어느 날 두 부인이 아이 하나를 데리고 왔다.

한 여자가 말하였다.

"이 아이는 제가 낳은 아들입니다. 그런데도 저 여자가 자기 아들이라고 주장하고 있습니다."

그러자 또 한 여자도 지지 않고 말하였다.

"아닙니다. 이 아이는 분명히 제 아들입니다. 저 여자는 지금 거짓말을 하고 있습니다."

솔로몬 왕은 여러 가지 방법을 동원해 진실을 조사해 보았으나, 왕 자신도 누가 진짜 아이의 엄마인지를 알 수가 없었다.

곰곰이 생각하던 솔로몬 왕은 드디어 좋은 방법을 생각해 내고 명령을 내렸다.

"우리 이스라엘에서는 누구의 것인지 분명하지 않을 때는 공평하게 나누어 가졌다. 그러니 그 아이를 칼로 잘라 둘로 나누어라."

그러자 한 부인이 갑자기 울부짖으며 소리쳤다.

"안 됩니다. 만약 그렇게 하시려거든 차라리 이 여자에게 아이를 넘겨주십시오. 제발 칼로 나누지는 말아 주십시오."

솔로몬 왕은 또 한 명의 부인에게 말하였다.

"네 생각은 어떠냐?"

그 부인은 눈물 한 방울도 흘리지 않고 이렇게 말하였다.

"저는 이 아이를 저 여자에게 절대로 빼앗길 수 없습니다. 차라리 칼로 나누어 갖겠습니다."

그러자 솔로몬 왕은 울부짖던 부인에게 아이를 넘겨주며,

"당신이야말로 이 아이의 진짜 어머니요!"

하고 말하였다.

두 번째 이야기이다.

어떤 부부에게 두 아들이 있었다.

그런데 그 아들 중 하나는 부인이 다른 남자와 불륜의 관계를 맺어 난 아이라는 것을 아버지는 알고 있었다.

남편은 어느 날 부인이 다른 사람에게 아이에 대한 비밀을 이야기하고 있는 것을 우연히 엿들었다.

그런데 남편은 누가 자기의 진짜 아들인지를 가려낼 수가 없었다.

남편은 이 비밀을 알게 되자 그만 중병에 걸리고 말았다. 남편은 화로 인해 병이 나서 자기가 곧 죽게 될 것이라는 걸 알고 유언장을 썼다.

나의 피를 물려받은 진짜 아들에게 나의 전 재산을 물려주겠다.

유서를 쓴 지 얼마 되지 않아 남편은 죽고 말았다.

죽은 뒤에 유언장은 랍비의 손으로 넘겨졌다.

랍비에게는 죽은 남자의 진짜 아들을 가려내야만 하는 의무가 생긴 것이다.

랍비는 두 아들을 죽은 아버지의 무덤 앞에 불러 놓고는 큰 몽둥이 하나씩을 주었다. 그리고 이렇게 말하였다.

"이 무덤을 힘껏 몽둥이로 때려라. 더 힘차게 때리는 사람이 진짜 아들이다."

그러자 한 아들은 몽둥이로 아버지의 무덤을 힘차게 내리쳤다. 그러나 한 아들은 눈물을 흘리면서 이렇게 말하였다.

"저는 재산을 상속받지 못하는 일이 있어도 아버지의 무덤을 몽둥이로 때려 돌아가신 분을 모독할 수는 없습니다."

랍비는 아버지의 무덤을 때리지 못한 아이가 진짜 아들이라고 판단하고 전 재산을 상속해 주었다.

생명과 신념

제2차 세계 대전이 일어났을 때의 일이다.

유럽의 어느 나라가 나치스에 의하여 점령되어 있었다.

어느 날 유대 인들만이 사는 거리에 나치스의 장교가 군인들을 거느리고 나타났다.

그리고는 유대 인들을 죽 한 줄로 세워 놓은 다음, 유대 인 학교의 선생을 불러 내었다.

나치스의 장교는 이 학교 선생이 유대 인만이 믿는 유대 교를 버린다면 다른 유대 인들도 거기에 따를 것이라고 생각했던 것이다.

장교는 그 선생에게 소리쳤다.

"유대 교를 버려라. 그렇게 하면 평생 먹고 사는 일이나 생활에도 어려움이 없도록 도와주겠다."

그러자 제대로 먹지도 못하여 바싹 마른 그 선생은 분명한 목소리로 대답하였다.

"안 됩니다. 유대 교를 버릴 수는 없습니다."

장교는 눈을 부릅뜨면서 호통을 쳤다.

"유대의 신 따위는 저주해 버려라. 유대의 신을 버리면 너의 생명은 물론이거니와 이 마을 사람들의 생명도 구해 주겠다!"

선생은 수많은 유대 인들을 한 번 둘러보고 나서, 다시 분명하게 말하였다.

"그건 못합니다."

장교는 싸늘하게 웃으면서 다시 한번 물었다.

"유대의 신을 버려라! 그렇게 하면 우리가 너희를 모두 안전하게 지켜 주겠다."

선생은 이미 결심을 굳힌 듯이 차분한 목소리로 말하였다.

"그건 절대로 못합니다."

장교는 얼굴이 시뻘겋게 변하였다.

"절대로 안 된다고? 도대체 너는 지금 네가 무슨 말을 하는지 알고 있느냐? 만약 네가 끝까지 버틴다면 이 많은 너의 동족이 지켜보는 앞에서 본보기로 죽여 버릴 테다. 그래도 내 말대로 하지 않겠는가?"

그곳에 모여 있던 유대 인들은 이 험악한 광경에 침이 말랐다. 그중에서도 여자들은 두려움에 질려 눈을 감고 몸을 떨고 있었다.

장교의 호통은 계속되고 있었다.

"이 바보 같은 친구야. 유대의 신이 네 생명보다 더 중요한가? 네 자신보다도 더 중요하단 말이냐!"

그러자 선생은 장교를 똑바로 쳐다보면서 분명히 대답하였다.

"당신은 나의 믿음을 바꿀 수 없습니다."

"신을 버리겠다는 한마디만 해라. 그러면 살려 주겠다!"

선생은 창백한 얼굴로 말하였다.

"못하겠습니다."

화가 치밀어 오른 장교는 권총을 뽑아들더니 선생의 오른팔을 향하여 방아쇠를 당겼다.

총 소리가 울려 퍼지며 총알은 선생의 어깨를 맞혔다.

이 순간 선생은 비틀거리며 쓰러졌다.

그러나 선생은 피를 흘리며 괴로워하면서도 나지막히 중얼거렸다.

"우리의 신은 어디까지나 우리의 신입니다."

"이 더러운 녀석! 더러운 유대 녀석 같으니……."

장교는 길길이 날뛰었다.

"우리 독일이 너의 신보다 강하다는 걸 모르느냐? 너의 생명은 너의 신이 결정하는 것이 아니라 내가 결정하는 것이다. 지금이라도 늦지 않았다. 네가 유대 교를 버리겠다고 한마디만 하면 너를 병원으로 보내 주겠다. 그리고 너의 상처를 치료해 주고 너의 가족과 행복하게 살 수 있게 해 주겠다."

선생은 괴로움 속에서도 설레설레 머리를 저었다.

"안 됩니다. 절대로 못합니다!"

나치스의 장교는 기가 막힌다는 듯이 한동안 멍하니 서 있었다.

이렇게도 유대 교를 믿는 마음이 강한 줄 몰랐던 장교의 얼굴에는 오히려 두려움의 빛이 떠올랐다.

장교는 권총을 쓰러진 선생 쪽으로 내리고 한 방을 더 쏘았다.

두 발, 세 발, 네 발째 총소리가 울리는 가운데에서도 선생의 외치는 목소리는 여러 사람들의 귀에 똑똑히 들려왔다.

선생은 이렇게 부르짖고 있었다.

"안 됩니다. 안 됩니다……."

세 사람의 경영자

두 사람이 동업을 하고 있었다. 동업자란 한 회사를 두 사람이 같이 경영하는 것을 말한다.

이들은 처음에 아무것도 없이 사업을 시작하였다.

그러다가 점점 사업이 잘 되어 작은 임대 빌딩을 지었고, 지금은 많은 사람들이 인정해 주는 사업가로 성공하였다.

두 사람은 별다른 경험은 없었지만, 부지런히 일하고 착한 마음씨를 가지고 있었기 때문에, 날로 발전하여 크게 성공을 거둔 것이었다.

그러던 어느 날, 갑자기 두 사람은 자기들이 너무도 크게 성공하고 있다는 사실에 놀랐다.

그 동안 두 동업자 사이에는 아무런 계약서도 없었기 때문에 이들이 모두 건강하게 사업에 열중하고 있을 때에는 별문제가 없겠으나, 앞으로 자식들을 낳아 이 회사를 물려줄 때가 되면 자연 충돌이 생길 것 같았다. 그래서 그들은 이를 방지하기 위하여 계약서를 만들기로 하였다.

그런데 일단 정식으로 계약서를 작성하고 나자, 두 사람 사이에는 사소한 일에도 충돌이 일어났다.

계약서를 작성하고부터 싸움이 시작되었던 것이다.

"너는 공장의 책임자이고, 나는 영업의 책임자야."

"아니지. 공장의 책임자가 진짜 책임자야."

이렇게 사소한 사항까지 구별하려고 하였기 때문에, 그들은 서로 상대방보다 조금이라도 더 유리한 입장을 차지하려고 욕심을 부렸다.

처음에 함께 사업을 시작할 때는 두 사람 사이에 아무런 충돌도 시비도 없었던 이들은, 지금 같은 문제가 생기자 결국은 랍비를 찾아가기로 하였다.

이들의 문제는 누가 옳고 그른가를 판단하는 것이 아니어서, 랍비로서도 결정을 하기가 쉽지 않았다.

한 사람은 이렇게 말하였다.

"나는 생산을 책임지고 있습니다. 내가 만약 생산을 하지 않는다면 회사는 존재할 수 없습니다."

그러자 또 한 사람이 말하였다.

"나는 영업을 맡고 있습니다. 상품을 아무리 잘 만들어도 내가 팔지 않으면 소용이 없습니다. 그 동안 내가 애썼기 때문에 회사가 성공할 수 있었던 것입니다."

랍비는 별로 확신은 없었지만, 다음과 같은 말로 대답을 대신하였다.

"당신들이 계약을 맺기 전에는 사업이 아주 순조롭게 잘 되어 갔소. 그런데 이렇게 성공했는데 서로 의견이 맞지 않아 회사를 망하게 하는 것은 참으로 바보 같은 짓이오. 그러나 지금 이대로는 더 이상 사업을 계속할 수는 없겠군요. 어떤 방법을 찾아 내어야겠소."

랍비는 이 문제를 해결하기 위하여 〈탈무드〉에서 간단한 이야기를 찾아 이야기해 주었다.

"한 아이가 이 세상에 태어났을 때 그 아이는 부모와 하나님에게 생명을 받은 것입니다. 그리고 점차 성장해 가면서 그 아이에게 생명을 주는 또 다른 한 사람이 생깁니다. 그 사람은 바로 선생님입니다."

그리고 나서 랍비가 물었다.

"당신들 회사의 경영자는 누구입니까?"

"물론 우리 두 사람이지요."

두 사람은 동시에 대답하였다.

그러자 랍비가 그들에게 이렇게 권하였다.

"한 분을 더 당신들 회사의 경영자로 참여시키면 어떻겠소?"

두 사람은 눈이 휘둥그레졌다.

"누구를 더 참여시키라는 말씀인가요?"

"바로 하나님입니다. 하나님은 이 세상 어디의 무슨 일에든 모두 참여하고 계시오. 서로 자기의 주장이 옳다고만 할 것이 아니라, 이 세상 모든 행위는 하나님이 주관하는 일이니 하나님을 당신들 회사의 경영자로 참가시키는 것도 괜찮을 것 같소."

지금까지 이들의 회사는 두 사람이 공동 대표여서, 사실상 회사의 사장은 없었다. 그래서 이들은 서로 사장이 되려고 하는 것이었다.

그래서 랍비는 두 사람에게 이렇게 말해 주었다.

"이 회사는 물론 당신들 두 사람의 회사인 것은 사실입니다. 그러나 동시에 하나님의 회사라고도 할 수 있소. 당신들은 유대 인 사회를 위해서, 더 나아가 유대 인 나라를 위해 일하고 있소. 그러니 이 회사가 당신네 것이라는 생각만 하지 말고, 하나의 의무를 수행하고 있다고 생각하십시오. 그렇게 되면 누가 사장이 되건 크게 마음쓸 일이 아니라는 것을 깨달을 것이오. 그러므로 생산을 맡은 사람은 열심히 공장을 운영하여 좋은 물건을 만들게 될 것이고, 영업을 맡은 사람은 열심히 물건을 팔게 될 것입니다."

그 후, 두 사람의 회사는 더욱더 발전하였다.

이익금에서 일정한 금액을 자선 단체에 내놓기로 결정을 하고, 그것을 목표로 삼았기 때문에, 누가 사장을 한다는 사소한 문젯거리도 저절로 풀려서 회사는 날이 갈수록 더 크게 번창하였다.

쉬는 시간

어느 학교에서 있었던 일이다.

수학 시간이 되었다. 선생님이 학생들에게 수학 문제를 내었다.

"잘 들으세요. 베를린은 어느 나라의 수도이지요?"

학생들은 저마다 큰 소리로 대답하였다.

"독일의 수도입니다."

"좋아요. 베를린에서 취리히까지의 거리가 700킬로미터라고 생각하세요. 한 시간에 100킬로미터의 속도로 비둘기가 날아간다면 몇 시간이 걸릴까요?"

선생님이 모리츠를 가리켰다.

"이것은 모리츠가 대답해 보세요."

선생님의 말씀에 모리츠는 벌떡 일어나서 자신 있게 큰 소리로 대답하였다.

"여덟 시간입니다, 선생님."

선생님은 다른 학생에게 물어보았다.

"맞았습니까, 틀렸습니까?"

학생들은 또다시 일제히 대답하였다.

"선생님, 틀렸습니다. 일곱 시간이 맞습니다."

학생들이 이렇게 외치자 모리츠가 다시 벌떡 일어나서 말하였다.

"선생님, 비둘기도 너무 먼 길을 날게 되면 중간에서 한 시간쯤은 쉬고 싶을 것입니다. 그래서 여덟 시간이 맞다고 생각합니다."

하나님을 속인 죄

어떤 마을에 가난한 사람이 살고 있었다.

그런데 어느 날 그는 그만 병이 들고 말았다.

병은 점점 심해지는데 너무 가난해서 약을 살 돈이 없었다. 그래서 그 사람은 하나님에게 빌었다.

"하나님, 제발 제 병을 낫게 해 주세요. 제 병이 낫기만 하면 황소 백 마리를 제물로 하나님에게 바치겠습니다."

하나님은 그 말을 곧이곧대로 믿지 않았다. 그 사람은 평소에 거짓말을 잘 하는 사람이라는 것을 알고 있었기 때문이다.

그렇지만 그 사람의 마음을 시험해 보려고 병을 고쳐 주었다.

다시 건강하게 된 그 사람은 하나님에게 약속한 제물을 바쳐야 할 텐데 바칠 소가 없었다.

열심히 일하여 한 마리 한 마리씩 바치면 될 텐데, 그럴 생각은 하지 않고 양초로 소의 모양을 백 개 만들어 제단에 바치고 불을 지르며 중얼거렸다.

"하나님, 제가 약속한 제물을 바치니 받아 주시기 바랍니다."

그 사람은 설마 하나님이 자기를 보고 있으리라고는 생각하지 않고 이런 얕은 꾀를 썼던 것이다. 하지만 하나님은 모든 것을 알고 있었다.

하나님은 이런 속임수를 쓰는 그 사람이 괘씸하기 짝이 없었다. 그래서 벌을 주기로 하고 그 사람의 꿈에 나타나 말하였다.

"여봐라! 네가 약속을 잘 지켰으니 나도 너에게 상을 내리겠다. 저 앞에 있는 바닷가의 큰 바위 밑을 파 보면 그 곳에 돈이 묻혀 있을 것이다. 그것을 캐어 가지도록 하거라."

가난한 사람은 뛸 듯이 기뻐하였다.

"알고 보니 하나님은 어리석은 분이구나. 내가 속인 것도 모르고 오히려 상을 주신다고 하시네. 어쨌든 주시는 상이니 받아야지."

그 사람은 바닷가로 달려갔다. 그리고 하나님이 말씀하신 그 바위 밑을 파 보았다.

얼마 동안 파내려가니까 정말로 많은 양의 금화가 쏟아져 나왔다.

"야! 나는 이제 부자다. 이 동네에서 제일 가는 부자가 되었다."

그 사람은 기쁨에 넘쳐 어쩔 줄을 모르면서 그 금화를 자루에 담으려고 하였다.

바로 이 때,

"이놈! 우리가 감추어 둔 보물을 훔쳐 가려 하다니, 괘씸한 놈!"
하는 소리와 함께 무섭게 생긴 사람들이 달려나왔다.

그 사람들은 바다에서 도둑질을 하는 해적들이었다.

"아이구, 잘못했습니다. 한 번만 용서해 주십시오."

"안 돼! 너 같은 놈은 그냥 둘 수가 없다. 벌을 받아야 해."

해적들은 그 사람을 배에 싣고 먼 나라로 가서 노예로 팔아 버리고 말았다.

그 사람은 한평생 남의 종이 되어 고생을 하면서 살아야 하였다.

기막힌 방법

유대 인 한 명이 도시에 살고 있는 유명한 의사에게 전보를 쳤다.

전보의 내용은 이러하였다.

저의 아내가 중병에 걸려 있습니다. 왕진료는 많이 드릴 테니 왕진을 와 주시면 고맙겠습니다.

그 의사는 병을 잘 고치는 명의로 이름이 나 있었다.

'왕진료를 많이 준다면 가서 진찰을 해 주지.'

이렇게 생각한 의사는 간호사에게 왕진을 갈 준비를 하라고 말하였다. 그리하여 기차를 타고 전보를 친 마을에 도착하였다.

그런데 의사를 마중 나온 유대 인은 눈물을 흘리면서 이렇게 말하였다.

"선생님, 이렇게 멀리까지 오셨는데, 제 아내는 복도 없는지 그만 저 세상으로 가고 말았습니다."

"그것 참 안됐습니다."

의사는 동정어린 목소리로 말하였다.

유대 인은 다시 말하였다.

"하지만 선생님께 손해를 끼쳐 드릴 수는 없습니다. 마을 공회당에 병을 앓고 있는 마을 사람들을 모아 두었으니 진찰을 해 주시기 바랍니다. 약속대로 왕진료는 후하게 드리겠습니다."

의사는 간청을 뿌리칠 수 없어서 공회당으로 가서 많은 환자들을 진찰하고 약을 지어 주었다.

다음 날, 도시로 돌아가는 의사를 역까지 전송 나온 유대 인은 머리를 숙이고 이렇게 인사를 하였다.

"선생님, 사실은 저 혼자서 그 많은 왕진료를 지불하기가 어려워 어제 보아 주신 그 환자들 틈에 제 아내도 있게 하였습니다."

형 제

어떤 마을에 형제가 살고 있었다.

이 형제는 원래 형제애가 남달리 두터웠다. 그들은 어릴 때부터 독일과 러시아, 시베리아, 만주 같은 곳을 정처없이 돌아다니며 함께 살았다.

그리고 전쟁이 일어났을 때는 독일군에게 잡히지 않으려고 서로 도와가며 숨어 다녔기 때문에 더욱 사이가 좋았다.

"저 형제의 우애는 정말 좋아."

마을 사람들도 그 형제들을 칭찬하였고, 또 형제끼리 사이가 좋지 않은 자식을 둔 부모들은,

"너희들도 저 형제들을 보고 배워라!"

하고 말할 정도였다.

그런데 그만 하찮은 이유로 이 형제는 사이가 아주 나빠지고 말았다.

두 형제는 언쟁을 벌이고 있었다. 두 사람 중 어느 쪽 의견이 옳고 그른가를 따지는 다툼이 아니라, 돌아가신 어머니의 유언 때문에 일어난

싸움이었다.

형제가 어머니의 유언을 각각 다르게 해석하기 시작한 데에 그 싸움의 원인이 있었다. 그 해석은 제각기 그럴 만한 이유가 있어서 누가 옳고, 누가 그르다고 말할 수도 없었다.

그들은 이 유언을 놓고 서로 다투면서 중상 모략을 하고 미워하였다. 마치 서로 원수 사이가 된 것 같았다.

동생의 모습이 보이기만 하여도 형은 얼른 다른 곳으로 비켜 갔다. 동생도 마찬가지였다. 형제는 서로 말도 끊은데다가 한 방에 있는 것조차 싫어하였다.

그러다 마주치면 서로 덤벼들어 상처를 입히면서 싸움을 하였다.

이렇게 형은 동생을, 동생은 형을 잃게 된 처지가 되고 말았다.

그러나 이 형제의 마음 깊은 곳에서는 이렇게 된 사실을 가슴 아프게 생각하는 마음이 잠시도 사라지지 않고 있었다.

어느 날 형은 랍비를 찾아갔다. 형은 랍비의 손을 잡고 울음을 터뜨렸다.

"랍비님, 저는 그렇게 사랑하던 동생을 잃어버렸습니다. 어떻게 하면 그 동생을 다시 찾을 수 있겠습니까? 저는 동생을 생각하고 꼬박 밤을 새운 게 한두 번이 아닙니다."

랍비가 말하였다.

"그렇게까지 사랑하는 동생이라면 지금이라도 불러 서로 잘못을 털어놓고 서로 용서를 빌고 새 출발을 하십시오."

"랍비님, 그런데 그게 말대로 그렇게 쉬운 일이 아닙니다."

랍비는 형의 본마음이 동생을 미워하기는커녕 전보다 더 사랑하고 있다는 것을 알았다.

이런 일이 있은 지 며칠 후에 이번에는 동생이 랍비를 찾아왔다.

동생도 랍비의 손을 잡고 눈물을 펑펑 흘리며 애원을 하였다.

"랍비님, 저를 도와주십시오. 제가 가장 사랑하고, 또 저를 누구보다도 사랑해 주시는 저의 형님을 잃었습니다. 저의 형님을 다시 찾게 해 주십시오. 저는 형님을 잃고는 살 수 없습니다."

"그렇다면 무엇 때문에 형님에게 가서 용서를 빌지 못하는 건가요?"

"랍비님, 그게 잘 안 되는 이유를 저도 모르겠습니다."

이렇게 되어 랍비는 그들 형제의 마음을 알게 되었다. 이 두 형제는 애초부터 다툴 마음은 없었던 것이다.

'그러면 별로 어려울 것은 없군.'

랍비는 이렇게 생각하고 이들 형제를 도와주기로 하였다.

얼마 후에 랍비는 아메리칸 클럽의 강사로 초빙되는 기회가 생겼다. 모임에 와서 강사로 이야기를 해 달라는 것이었다.

"옳지, 좋은 기회가 왔구나!"

랍비는 주최측에 부탁하여 두 형제가 서로 모르게 따로따로 이 모임에 참석할 수 있도록 해 달라고 특별히 부탁하였다.

모임이 열리는 날, 그 형제는 각각 초청되어 왔다. 형은 동생이 이 모임에 왔으리라고는 생각도 못하였고, 동생 역시 마찬가지였다.

형제는 평소 같았으면 얼굴이 마주치면 이내 돌아서 갔겠지만, 이 날만은 초청자의 체면을 생각해서인지 각자의 자리에 앉아 있었다.

랍비는 이 날 이들 형제를 위하여 도움이 될 만한 내용을 준비하고 있었다. 그는 형식적인 인사말을 짧게 끝내고 〈탈무드〉에 나오는 한 편의 이야기를 하였다.

옛날 이스라엘에 형제가 살고 있었다.

가을이 되었다. 형제는 열심히 농사를 지어 많은 추수를 하게 되었다.

　넓은 과수원에서는 많은 과일을 땄고, 옥수수 밭에서는 많은 양의 옥수수를 땄다.

　같은 과수원, 같은 밭에서 같이 일을 하였기 때문에 형제는 추수한 것을 공평하게 반으로 나누었다.

　형은 나이가 들어 결혼을 하였으므로 아내와 자식까지 두었고, 동생은 아직 결혼을 하지 않았다. 형제는 둘 다 아주 부지런한 농부였는데, 아버지가 돌아가시자 물려받은 재산을 똑같이 나누었다.

　형제는 수확한 사과와 옥수수를 똑같이 나누어 각각 자기 곳간에 저장하였다.

　밤이 이슥해지자 동생은 이런 생각을 하였다.

　'형님 댁에는 딸린 식구가 많아 생활이 어려울 것이 뻔해! 식량이 부족할 터이니, 내 몫을 좀 덜어 드려야지. 나는 아직 혼자 몸인데 똑같

이 나누어 가진다는 것은 아무래도 잘못된 일이야!'

동생은 어려운 형님을 돕기로 결심하였다.

그러나 형이 알면 거절할 것이 뻔하니까 밤에 아무도 모르게 많은 양의 곡식을 지어다가 형님의 곳간으로 말없이 옮겨 놓았다.

그런데 형은 형대로 같은 생각을 하고 있었다.

'나는 아내와 자식들이 있으니 내가 늙으면 자식들이 보살펴 줘 별 걱정이 없겠지만, 동생은 혼자 몸이니 미리 저축해 놓아야 늙은 다음에 편안할 거야.'

이렇게 생각한 형은 역시 밤이 깊어 아무도 모르게 곡식을 잔뜩 갖다가 동생의 곳간에다 쌓아 놓았다.

날이 밝아 형제는 각기 자기 곳간에 가 보았다. 그런데 웬일인지 자기의 곡식이 조금도 줄지 않고 그대로 남아 있었다.

'이상한 일이군…….'

그날 밤에도 형제는 또 똑같은 일을 하였다. 이렇게 하기를 사흘 밤이나 계속하였다.

나흘째 되던 밤이었다.

형제는 전날 밤과 같이 곡식을 잔뜩 짊어지고 상대방의 곳간으로 나르고 있었다. 깊은 밤이라 길가는 사람의 그림자도 볼 수 없었다.

그런데 형제는 길 중간에서 그만 딱 마주쳤다.

"형님!"

"아우야!"

형제는 그 때서야 왜 자기의 곡식이 줄지 않았는가를 알게 되었다.

형제는 지게를 벗어 놓고 뜨거운 형제애에 감격하여 서로 부둥켜안고 울음을 터뜨렸다.

이 형제들이 감격하여 울었다는 장소는 그 후 유명해져서 예루살렘의 가장 고귀한 장소로 지금도 알려지고 있다.

랍비는 이 강연회를 통해 가족의 사랑이 얼마나 값지고 소중한 것인가에 대해 몇 번이고 강조하였다.

그 결과, 다투었던 두 형제는 그 동안의 감정을 풀고 다시 옛날과 같이 정다운 사이로 돌아갔다.

앙갚음과 미움

한 사나이가 상대방에게,

"자네가 가지고 있는 낫을 좀 빌려 주게."

하고 부탁하였다. 그러자 상대방은 한마디로 거절하였다.

며칠이 지난 뒤, 이번에는 반대로 거절했던 그 사나이가 찾아와,

"자네의 말을 좀 빌려 주게."

하고 말하였다.

그러자 그 사나이는,

"자네가 지난번에 낫을 빌려 주지 않았으니 나도 자네에게 말을 빌려 줄 수 없다네!"

하고 대답하였다. 이것은 '앙갚음' 이다.

한 사나이가 상대방에게,

"자네가 가지고 있는 낫을 좀 빌려 주게."

하고 부탁하였다. 그러자 상대방은 한마디로 거절하였다.

며칠이 지난 뒤, 이번에는 반대로 거절했던 그 사나이가 찾아와,

"자네의 말을 좀 빌려 주게."

하고 말하였다.

그러자 그 사나이는,

"자네가 지난번 나에게 낫을 빌려 주지 않았지만, 나는 자네에게 내 말을 빌려 주겠네."

하고 대답하였다. 이것은 '미움' 인 것이다.

처 형

닭이 한 마리 있었다.

그 닭은 갓난아기를 죽인 혐의로 재판을 받게 되었다. 작은 요람에 누워 있던 갓난아기의 머리를 그 닭이 쪼아, 죽게 한 것이었다.

여러 증인들이 불려 나가 갖가지 사실을 증언하였다.

불쌍하게도 그 닭은 유죄 판결을 받아 처형되었다.

이 이야기는 아무리 미물인 닭이라 할지라도 살인이라는 나쁜 죄를 지었으므로 소홀히 생각하면 안 된다는 사실을 보여 주고 있다.

또한, 죄가 확정되지 않는 한 경솔히 처형할 수 없다는 것도 깨닫게 해 주는 이야기이다.

자 루

쇠붙이라는 것이 처음 만들어졌을 때, 이 세상에 있는 모든 나무들은 두려움에 떨고 있었다.

이 모습을 본 하나님은 이렇게 나무들을 안심시켜 주었다.

"나무들아, 걱정하지 말거라. 너희들이 자루를 제공하지 않는 한, 쇠는 너희들을 해치지 못할 것이다."

시간의 길이

왕이 가지고 있는 포도밭이 있었다. 그 곳에서는 많은 일꾼들이 일을 하고 있었다. 그 중에서 한 일꾼은 다른 일꾼들보다 비상한 능력을 가지고 있어 솜씨도 뛰어나고 아주 능률적으로 일을 잘하였다.

어느 날, 왕이 포도밭을 방문하여 뛰어난 능력을 가진 일꾼과 함께 포도밭을 산책하였다.

유대의 전통에 따르면, 그 날의 품삯은 그 날에 지불하게 되어 있었다. 그 날도 하루의 일이 끝나자, 일꾼들은 품삯을 받아 가려고 차례로 줄을 섰다.

일꾼들은 모두 같은 액수의 품삯을 받았다. 그런데 일 잘하는 그 일꾼도 같은 금액의 돈을 받자, 다른 일꾼들은 왕에게 항의하였다.

"이 사람은 두 시간밖에 일하지 않았으며, 나머지 시간은 임금님과 함께 지냈는데 우리와 똑같은 품삯을 받는다는 것은 불공평합니다."

그러자 왕은 이렇게 말했다.

"너희들이 하루 종일 걸려서 한 일보다 이 사람이 두 시간 동안 해낸 일이 더 많다는 것을 아느냐?"

26세의 나이에 죽은 랍비도, 다른 사람들이 백 년에 걸쳐 한 일보다 더 중요한 일을 많이 해냈다.

사람은 얼마 동안을 살았느냐가 중요한 것이 아니라, 얼마나 많은 자취를 남겼느냐가 중요한 것이다.

부모는 바보

어떤 사람이 유언장을 썼다.

> 나의 전 재산을 아들에게 물려줄 것이다. 단, 내 아들이 정말 바보가 되기 전에는 유산을 물려줄 수 없다.

이 이야기를 들은 랍비가 그 사람에게 이유를 물었다.

"당신은 정말 이해할 수 없는 유언장을 남기셨군요. 당신의 아들이 정말 바보가 되지 않는 한 재산을 물려줄 수 없다니, 도대체 그게 무슨 말씀이십니까?"

그러자, 그 사람은 아무 말 없이 갈대 하나를 입에 물고 괴상한 울음 소리를 내면서 마루 위를 엉금엉금 기어다녔다. 그의 행동은 자기 아들이 아이를 낳아 그 아이를 아끼고 귀여워하게 되면 자기의 전 재산을 상속시켜 준다는 것을 나타내는 것이었다.

'사람은 자기 자식을 갖게 되면 바보가 된다.'

라는 속담은 여기에서 비롯된 것이다.

유대 인들에게 있어 자식은 매우 소중한 존재로서, 부모들은 자식을 위하여 모든 것을 희생한다.

하나님이 유대 민족에게 십계명을 내리실 때, 유대 민족은 반드시 그것을 지키겠다는 맹세를 그들로부터 받으려고 하였다. 그래서 유대 인들은 그들의 위대한 조상인 아브라함이나 이삭, 야곱의 이름을 걸고 반드시 십계명을 지키겠노라고 맹세했지만, 하나님은 승낙하지 않았다.

그래서 이번에는 유대 인들은 앞으로 손에 넣게 될 모든 부귀를 걸고 맹세하였다. 그렇지만 하나님은 역시 승낙하지 않았다.

결국 마지막으로, 유대 인들은 자식들에게 반드시 십계명을 전하겠노라고 자식들을 앞세워 맹세하였다.

그러자 비로소 하나님은 그 맹세를 받아들여 승낙하여 주었다.

영원한 생명

어느 날 랍비 한 사람이 복잡한 시장을 찾아갔다. 그 곳에서 랍비는 이렇게 말하였다.

"이 시장 안에는 영원히 생명을 약속받을 만한 사람이 있소."

그러나 사람들은 아무리 둘러보아도 그럴 만한 사람은 없다고 생각하였다. 그 때 두 사람이 랍비가 있는 곳으로 찾아왔다.

그러자 랍비가 말하였다.

"이 두 사람이야말로 정말 착한 사람들이오. 이들은 많은 선행을 쌓았소. 그러니 영원한 생명을 받기에 부족하지 않소."

그러자 주위 사람들이 물었다.

"당신들은 도대체 무슨 장사를 하는 사람들이오?"

이에 그들은 다음과 같이 대답하였다.

"우리들은 광대입니다. 쓸쓸한 사람에게는 웃음을 선사하고, 다투는 사람들에게는 평화를 가져다 주지요."

암 시

로마 장교 한 명이 랍비를 만났다.

그 장교는,

"유대 인은 매우 지혜롭다는 말을 들었소. 정말 그렇다면 오늘 밤 내가 무슨 꿈을 꾸게 될지 알려줄 수 있겠소?"

하고 말하였다.

당시 로마의 가장 큰 적은 페르시아였다.

랍비가 말하였다.

"페르시아 군이 로마를 습격하여 로마 군을 대파하고 로마를 지배하여, 로마 사람들을 노예로 삼고, 로마 사람들이 제일 하기 싫어하는 일을 시키는 꿈을 꿀 것입니다."

다음 날 아침, 그 로마 장교가 다시 랍비를 찾아와서 말하였다.

"랍비님, 어떻게 내가 꾸게 될 꿈을 미리 예언할 수 있었습니까?"

꿈이란 암시로 인하여 일어나는 것임을 그 장교는 몰랐던 것이다. 그러니 자신이 암시에 걸려 있었다는 것조차 알 리가 없었다.

마 음

사람 몸의 여러 기관은 마음에 따라 움직이게 되어 있다.

마음은 여러 가지 기능을 가지고 있다.

보는 것, 듣는 것, 걷는 것, 서는 것, 굳어지는 것, 부드러워지는 것, 기뻐하는 것, 슬퍼하는 것, 화내는 것, 무서워하는 것, 거만해지는 것, 설득당하는 것, 증오하는 것, 사랑하는 것, 질투하는 것, 부러워하는 것, 사색하는 것, 반성하는 것……

그렇기 때문에 세상에서 제일 강한 인간은 자신의 마음을 스스로 조정할 수 있는 인간이다.

입으로 상처내기

이 세상에 있는 모든 동물들이 뱀에게 비난을 퍼부었다.

한 동물이 뱀에게 따져 물었다.

"사자는 먹이를 일단 쓰러뜨린 다음에 먹고, 늑대는 먹이를 찢은 다음에 먹는다. 그런데 뱀, 너는 먹이를 그대로 통째로 꿀꺽 삼켜 버리다니, 도대체 그 까닭이 무엇이지?"

그러자 뱀이 말하였다.

"그래도 남을 터무니없는 말로 헐뜯어 명예를 손상시키는 자보다는 낫다고 생각해. 입으로 상대방에게 상처를 입히지 않기 때문이야."

매 매

유대에는 탈무드 시대부터 계량(분량이나 무게 따위를 재는 것)을 감독

하는 관리가 있었다. 그런데 여름철과 겨울철에 따라 토지를 측량하는 줄자가 각각 달랐다.

그 이유는 날씨에 따라 줄자가 늘어나기도 하고 줄어들기도 하기 때문이었다.

그리고 액체로 된 물건을 샀을 경우에는 용기 밑에 먼젓번 것이 묻어 있으면 안 되므로 언제나 용기의 밑을 깨끗하게 하도록 철저히 감독을 하였다.

물건에 따라 다르기는 하지만, 어떤 상품을 산 다음 하루에서 일주일 동안은 그것을 다른 사람에게 보이고 그 의견을 들을 권리가 물건을 산 사람에게 주어지기도 하였다.

사는 사람이 전혀 알지 못하는 물건을 샀을 경우에 올바로 판단하지 못할 수도 있기 때문이었다.

탈무드 시대에는 오늘날처럼 '정가'라는 것이 매겨져 있지 않았다. 그래서 파는 사람이 마음대로 가격을 정하였다.

〈탈무드〉에 다르면 일반적인 값에서 6분의 1을 더 받고 물건을 팔았을 때, 그 거래는 무효가 된다.

파는 사람이 계량을 속이거나 잘못 했을 경우에는 산 사람이 물러도 되었다. 그리고 손님이 물건을 살 의향이 없는데도 흥정을 하면 안 된다고 되어 있다. 또, 다른 사람이 사려고 하는 물건을 가운데 끼어들어 살 수 없다고 명확하게 말하고 있다.

법 률

유대 인의 법률에는 원칙이 하나 있다. 많은 사람들이 지킬 수 없는 부당한 법률은 만들지 말라는 원칙이다.

유대의 은둔자

　유대 인이 만일 사회로부터 자신을 격리시킨 채 10년 동안 오직 공부에만 전념하였다면, 그는 10년의 세월이 흐른 후에 하나님께 제물을 바치고 용서를 빌어야 할 것이다.
　그 이유는 아무리 훌륭한 공부를 한다고 하더라도 인간 사회로부터 자기 자신을 고립시키는 것은 하나의 죄를 짓는 것이기 때문이다.
　그래서인지 유대 인 사회에는 은둔자(세상을 피하여 숨어 사는 사람)를 보기가 어렵다.

중 용

　군대가 행진을 하고 있었다.
　그런데 길의 오른쪽은 눈이 내려 얼음이 얼어 있었다. 그리고 길의 왼쪽은 불바다였다.
　오른쪽 길로 가면 얼어죽고, 왼쪽 길로 가면 불에 타 버릴 것이다.
　그러나 오른쪽 길과 왼쪽 길의 한가운데는 따뜻함과 시원함이 조화된 좋은 길이다.

붕 대

　법률이란 마치 붕대와도 같은 것이다.
　옛날 어느 나라의 임금이 상처를 입은 아들에게 붕대를 감아 주면서 말하였다.
　"애야! 앞으로 이 붕대가 풀리지 않도록 조심하거라. 이 붕대를 감고 있는 동안은 먹거나 뛰거나 물에 들어가도 아프지 않을 것이다. 그렇지만 이 붕대를 풀어 버리면 상처가 더 심해질 것이다."

사람도 이와 마찬가지이다.

사람의 마음속에는 악한 쪽으로 치우치려는 성질이 있다. 그러나 법률을 지키고 벗어나려 하지 않는 한 결코 성질이 나쁘게 바뀌는 일은 없을 것이다.

죄

사람은 누구나 죄를 짓는다.

그러므로 유대 인의 가르침에는 동양의 철저한 도덕에서처럼 엄격하고 긴장된 분위기는 찾아볼 수 없다.

죄를 범했어도 역시 변함없이 유대 인인 것이다. 유대 인들이 이해하고 있는 죄에 대한 관념은 이렇다. 가령, 화살을 표적에 명중시킬 능력이 충분히 있는데도, 공교롭게도 맞히지 못한 경우와 같다고 생각하는 것이다. 원래는 죄를 지을 생각이 없었는데 어쩌다 실수를 하고 만 것이라고 마음 편하게 생각하는 것이다.

그래서 유대 인은 자기가 지은 죄에 대해 용서를 구할 때에 '나'라고 하지 않고 반드시 '우리'라고 표현한다. 자기 혼자서 지은 죄일지라도 여러 사람이 함께 죄를 지은 것으로 생각하는 것이다.

왜냐하면, 유대 인은 누구나 커다란 한 가족이라고 생각한다. 그러므로 어떤 한 사람이 죄를 지어도 이것은 여러 사람이 함께 죄를 지은 것이라고 생각하고 있기 때문이다.

비록 자기 자신은 남의 물건을 훔치지 않았더라도, 누군가에 의해 도둑질이 행해지고 있다는 사실에 대하여 누구든지 하나님께 용서를 빌어야 한다.

이것은 내 자신의 자선 행위가 부족한 탓으로, 누군가 다른 사람이 절도 행위를 했기 때문이라고 생각하기 때문이다.

맥 주

〈탈무드〉의 가르침에 의하면, 하인이나 노예들도 그 집 주인이 먹는 음식과 똑같은 것을 먹게 해야 한다고 지적하고 있다.

가령, 주인이 편한 의자에 앉으면 하인에게도 편한 의자를 내어 주라는 것이다. 아무리 지위가 남보다 높다고 하여도 반드시 상석에 앉으려 해서는 안 된다.

어떤 사람이 이스라엘에 갔을 때, 일선 부대장의 초대를 받아 저녁 식사를 같이 할 기회가 있었다.

그 때 장병이 맥주를 가져왔는데, 그것을 본 부대장이 물었다.

"사병들이 마실 맥주도 있나?"

그러자 장병은,

"오늘은 맥주가 부족해서 이 자리에만 가져왔습니다."

하고 대답하였다.

장병의 말을 들은 부대장은 이렇게 말하였다.

"그렇다면 오늘은 나도 맥주를 마시지 않겠네."

이러한 모습이 바로 유대 인들의 전통적인 사고 방식인 것이다.

손

사람이 이 세상에 태어날 때에는 누구든 두 손을 꼭 쥐고 태어난다.

그러나 죽을 때에는 이와는 반대로 두 손을 펴고 죽는다.

왜 그럴까?

그것은 사람이 태어날 때에는 세상의 모든 것을 움켜쥐어 가지고 싶기 때문이다.

그리고 죽을 때에는 남아 있는 사람들에게 자기가 가지고 있던 모든 것을 내주어 아무것도 가지지 않은 빈손이기 때문이라고 한다.

거짓말

사람은 어느 경우에 한해 거짓말을 해도 용서받을 수 있을까?

〈탈무드〉는 두 경우에 한해서는 거짓말을 해도 좋다고 되어 있다.

첫째, 누군가가 이미 물건을 산 후, 그 물건이 어떠냐고 의견을 물어

오면, 설령 그것이 좋지 않아도 무조건 좋다고 거짓말을 하라.

둘째, 친구가 결혼을 했을 때에는 반드시 부인이 정말 굉장한 미인이니, 행복하게 살라고 거짓말을 하라.

착한 사람

세상에는 네 가지 필요한 것이 있다.

그것은 금, 은, 철, 구리이다. 하지만 이것들은 없으면 대신해서 사용할 수 있는 물건을 찾을 수 있다.

정말로 다른 어떤 것으로도 바꿀 수 없는 것으로서, 꼭 필요한 것은 착한 사람이다.

〈탈무드〉에 의하면, 착한 사람이란 야자나무처럼 무성하고 레바논의 큰 삼나무처럼 늠름하게 하늘 높이 치솟아 있는 존재이다.

야자나무는 한 번 베어 내면 다음에 싹이 터 자랄 때까지 4년이란 세월이 걸린다. 그리고 레바논의 삼나무는 아주 멀리에서도 볼 수 있을 만큼 크게 자란다.

병 문안

환자에게 찾아가 위로를 하면, 그 환자의 병은 60분의 1쯤 낫는다.

그렇다고 60명이 일시에 병 문안을 간다고 해서 환자의 병이 단번에 완쾌되는 것은 아니다.

죽은 사람의 무덤을 찾는 것은 가장 고결한 행위이다.

병 문안은 환자가 나으면 그 사람으로부터 감사의 인사를 받을 수 있지만, 죽은 사람은 아무런 인사도 할 수 없기 때문이다.

감사를 바라지 않고 하는 행위야말로 진정으로 아름다운 것이다.

불공정 거래

어느 날 한 상인이 랍비를 찾아왔다.

그는 옆 상점에서 상품들을 터무니없이 싸게 팔고 있어 자기 집 단골 손님이 줄어들고 있다고 하소연하였다.

〈탈무드〉에는 불공정한 경쟁에 대해 많은 이야기를 하고 있다.

어떤 상품을 팔고 있는 상점의 바로 옆에다 똑같은 상품을 파는 가게를 열어서는 안 된다.

그러나 가령 두 상점 가운데 한 상점에서 아이들에게 팝콘 같은 하찮은 경품을 붙여 팔았다고 하자. 그래서 아이들이 어머니를 끌고 와 그 물건을 사 가게 된다면, 그럴 경우에는 어떻게 되는가에 대한 의견이 엇갈렸다.

랍비들 가운데는 값을 내리면서 서로 경쟁하는 것은, 물건을 사 가는 손님 쪽에는 이익이 되니까 좋다고 말하는 사람도 있었다.

또 어떤 랍비는 손님을 더 끌어 오기 위하여 제값을 받지 않기도 하고 경품을 붙여 파는 것은 불공정한 경쟁이라고 주장하였다.

그렇지만 대다수의 랍비들은 값을 얼마로 내려 팔든 경품을 붙여 파는 것은 불공정한 것이 아니라고 결정을 내렸다. 물건을 사는 손님 쪽에 이익이 있으면, 그것으로 만족하지 않는가 하는 의견들이었다.

다음 날 또다시 찾아온 그에게 랍비는 이렇게 말했다.

"남의 물건을 훔치는 행위는 절대로 금해야 합니다. 그러나 물건값을 경우에 따라 내려 파는 것은 정당한 행위입니다."

지금과 같이 자유 경쟁의 원리에 따라 소비자가 이익을 보는 경우에는 그것은 바람직한 것이라고 생각한다.

강한 것과 약한 것

이 세상에는 약하면서도 강한 것에게 공포감을 느끼게 하는 것이 네 가지가 있다.

첫째, 모기는 사자에게 공포감을 준다.

둘째, 거머리는 코끼리에 공포감을 준다.

셋째, 파리는 전갈에게 공포감을 준다.

넷째, 거미는 매에게 공포감을 느끼게 한다.

아무리 크고 힘이 센 자라도, 항상 막강한 것은 아니다.

또 아무리 약한 것이라도, 어떤 조건만 갖추어지면 강한 자를 이길 수 있는 것이다.

엿새 째

성서에 의하면, 이 세상은 엿새째 되는 날에 완성되었다.

그 마지막 날인 6일째 되는 날에 만들어진 것이 바로 인간이다.

왜 맨 마지막에 인간이 창조되었을까? 그 이유를 어떻게 해석해야 할 것인가?

〈탈무드〉에 의하면, 하찮은 파리조차도 인간보다 먼저 만들어졌다는 사실을 생각하면, 인간은 결코 교만해질 수가 없다고 하였다.

이것은, 인간이야말로 자연에 대하여 정말로 겸손한 마음을 가져야 한다는 것을 가르쳐 주는 것이다.

살아 숨쉬는 바다

유대 인은 이 세상 어느 민족보다도 불우한 이웃을 위한 자선을 가장 중요시하는 민족이다.

그렇다고 해도 오늘날의 유대 인 중 일부는 자선사업에 힘쓰라고 권하든가, 또는 다른 사람에게 강요받지 않으면 자선에 조금도 애쓰지 않는 유대 인도 있다.

이런 경우를 만나면 랍비는 다음과 같은 말을 해 준다.

이스라엘의 요단강 근처에는 두 개의 큰 호수가 있다.

그 하나가 사해(죽은 바다)이고, 다른 하나는 히브리 어로 '살아 숨쉬는 바다' 라고 불리는 호수이다.

사해는 다른 바다에서 물이 흘러들어 오지만 아무 곳으로도 빠져나가지 않는다. 그러나 '살아 숨쉬는 바다' 는 물이 들어오면 대신에 물이 또 빠져나간다.

자선을 베풀지 않는 사람은 사해와 마찬가지이다. 돈이 들어오기만 하고 나가지를 않는다.

반대로, 자선을 베푸는 사람은 '살아 숨쉬는 바다' 이다. 돈은 들어오기도 하고 나가기도 해야 한다. 우리는 남에게 자선을 베푸는 살아 숨쉬는 바다가 되어야 한다.

바보와 슬기로운 사람을 구분하는 방법

슬기로운 사람은 자기보다 지혜가 뛰어난 사람 앞에서는 말을 하지 않는다.

슬기로운 사람은 친구의 말을 중단시키지 않는다.

슬기로운 사람은 성급하게 대답하지 않는다.

슬기로운 사람은 관련이 있는 것만 물으며, 요점만을 대답한다.

슬기로운 사람은 먼저 말할 것과 나중에 말할 것을 구분하여 말한다.

슬기로운 사람은 모르는 것은 솔직하게 모른다고 말한다.

슬기로운 사람은 진리를 인정한다.

바보는 슬기로운 사람이 하는 행동의 정반대되는 행동을 한다.

결 론

〈탈무드〉에는 오랜 기간에 걸쳐 여러 가지 문제들에 대해 사람들이 토론한 이야기들이 자주 나온다. 그 중에는 결론이 나지 않은 문제들이 간혹 있다.

그런 문제의 맨 끝에다가는 '모릅니다'라고 적어 놓았다. 잘 알지 못할 때에는 솔직히 모른다고 말하는 것이 좋다는 교훈을 말해 주고 있는 것이다.

〈탈무드〉에는 결론을 내리는 이야기들이 많이 있다. 그런데 반드시 소수의 의견을 덧붙여 놓고 있다. 왜냐하면, 소수의 의견은 적어 놓지 않으면 없어져 버리기 때문이다.

별

사람의 눈은 검은 부분보다 흰 부분이 더 많다.

그렇지만 사람은 눈의 흰 부분이 아니라, 검은 부분으로 본다.

하늘에 떠 있는 별을 보면, 별은 한낮에도 하늘에 떠 있다. 그러나 별은 어두워야 그 빛을 내뿜는다.

항해자들은 하늘에 떠 있는 별자리를 보며 항해를 한다. 사람은 앞이 캄캄해지고 비참한 상황에 처하였을 때 별을 바라본다.

환한 대낮은 행복하고 즐거운 시절을 상징한다. 이 대낮에는 사람들은 자신을 이끄는 별자리를 보지 못한다.

유대 인들은 오랜 옛날부터 별을 보며 살아왔다. 그리고 그 별의 인도에 따랐다. 유대 인이 지닌 힘이란 바로 여기에 있었던 것이다.

동 전

탈무드 시대의 유대 인 가정에서는 안식일 전날인 금요일 저녁에, 어머니는 반드시 촛불을 켠다. 그리고 아버지는 아이들의 머리에 손을 얹고 축복의 말을 한다.

유대 인의 가정에는 촛불을 켤 때, '유대 민족 기금'이라고 쓴 상자를 준비한다.

이 때 아이들에게는 미리 동전이 주어지고, 어머니가 촛불을 밝히면, 아이들은 그 동전을 상자에 넣는다. 이런 방법으로 유대 인들은 자선 행위를 어릴 때부터 가르치고 있다.

금요일 오후가 되면 가난한 사람들은 도움을 받기 위해 부잣집들을 차례로 방문한다.

그러면 그 집의 부모는 자신들이 가난한 사람들에게 직접 돈을 건네 주는 것이 아니라, 반드시 아이들의 손으로 상자 속의 돈을 꺼내어 주도록 시킨다.

이렇게 하는 것은 아이들에게 자선의 마음을 심어 주기 위해서이다.

지금도 유대 인들은 세계에서 자선을 위해 가장 많은 돈을 쓰는 민족으로 인정받고 있다.

당나귀와 다이아몬드

어떤 유대 인 여자가 물건을 사기 위하여 백화점에 갔다.

그런데 물건을 산 후 집에 돌아와 꾸러미를 풀어보니, 자기가 사지 않은 물건이 들어 있었다. 그것은 보석이어서 매우 비싸 보였다.

그 여자가 백화점에서 구입한 것은 양복과 외투였다.

여자는 넉넉하지 않은 살림을 꾸려 가며, 어린 아들과 둘이 살고 있었다. 여자는 아들에게 보석 이야기를 자세히 들려주었다.

그러고 나서 랍비를 찾아와 의논을 하였다.

랍비는 그 여자와 어린 아들에게 〈탈무드〉 이야기를 해 주었다.

어느 한 랍비가 나무 장사를 하며 근근히 생계를 꾸려 가고 있었다. 그 랍비는 항상 산에서 나무를 해 시내로 져다 팔았다.

그는 나무를 팔기 위해 오고 가는 시간을 절약하고 그 남는 시간에 〈탈무드〉 공부를 하기 위하여 당나귀를 한 마리 사기로 결심하였다.

그래서 시내 장터의 한 아랍인으로부터 당나귀를 샀다.

랍비의 제자들은 랍비가 당나귀를 산 것을 기뻐하며, 냇가에서 당나귀의 몸을 씻어 주었다. 그런데 당나귀의 몸에서 다이아몬드 하나가 떨어졌다.

제자들은 크게 기뻐하면서, 이제 랍비가 가난한 생활을 하지 않아도 되고, 이제 자기들을 가르칠 시간이 많아지겠다고 즐거워하였다.

그러나 랍비는 당장 당나귀를 판 아랍인에게 다이아몬드를 돌려주라

고 제자들에게 분부하였다.

그러자 제자들이 말하였다.

"선생님이 산 당나귀가 아닙니까?"

랍비가 대답하였다.

"나는 당나귀를 샀지 다이아몬드는 산 것이 아니다. 나는 내가 돈을 주고 산 것만 가지면 되지 않느냐?"

랍비는 결국 아랍인에게 다이아몬드를 돌려주었다.

그러자 아랍인은 이렇게 말하였다.

"랍비님께서 이 당나귀를 사셨고 다이아몬드는 이 당나귀에서 나왔는데, 왜 그것을 내게 돌려주는 것입니까?"

랍비가 대답하였다.

"유대의 전통에 따르면 자기가 돈을 내고 산 물건이 아니면 가져서는 안 됩니다. 그러므로 다이아몬드를 돌려드리는 것은 당연합니다."

아랍인은,

"유대 인들의 신은 참으로 훌륭하신 분입니다."

하며 감탄하고 칭송하였다.

여기까지 랍비의 말을 들은 그 여자는 백화점에 물건을 돌려주러 가야겠다고 하였다. 그런데 무슨 말을 어떻게 하면서 돌려주어야 하는지를 랍비에게 물었다.

랍비는 이렇게 말하였다.

"그 보석이 백화점의 상품인지 물건을 팔던 종업원의 것인지 알 수가 없습니다. 왜 돌려주느냐고 물으면, 내가 유대 인이기 때문이라고만 말하십시오. 그리고 돌려주려고 갈 때에는 아들을 꼭 데리고 가서 그 모습을 보여주십시오. 아들은 어머니의 정직함을 영원히 잊지 않을 테니까요."

축복의 말

병실에 의사와 환자, 그리고 랍비 이렇게 세 사람이 같이 있었다.

그 환자는 중상자였는데, 매우 심한 뇌출혈로 큰 고통을 받고 있었다. 병실은 악취로 가득했고, 환자는 의식불명인 채였다.

의사는 환자의 목숨을 살리기 위하여 고심하면서 많은 양의 수혈을 계속하였다. 만약 이 수혈이 중단되면 환자는 죽게 되므로 의사의 표정도 절망적이었다. 의사는 답답한 마음으로 랍비에게 물었다.

"지금 이 순간 랍비님은 무슨 생각을 하고 계십니까?"

랍비는 이렇게 대답하였다.

"지금 나는 죽고 사는 문제에 대해서는 생각하고 있지 않습니다. 다만, 가느다란 혈관에서 붉은 액체를 흘려보냄으로써 한 인간의 생명이 위태롭게 되어 간다는 것을 생각하고 있습니다."

수혈이 멈춰지자 그 환자는 죽고 말았다.

의사는 기운이 다 빠져 피로한 얼굴로 랍비에게 구원을 청하였다.

랍비는 의사에게 〈탈무드〉에 있는 이야기를 해 주었다.

"유대 인은 왕을 만날 때나, 식사를 할 때나, 일출 광경을 볼 때나, 그 밖에 어느 경우에도 축복의 말을 한 마디씩 합니다. 심지어는 화장실에 갈 때에도 축복의 말이 있습니다."

의사는 랍비의 이야기를 듣고 있다가 물었다.

"랍비님은 화장실에 갈 때 뭐라고 말하십니까?"

랍비는 이렇게 말하였다.

"우리 인간의 몸은 여러 부분으로 이루어져 있습니다. 하지만 그 중에서 몸 속에 갇혀 있어야 할 것은 갇혀 있고, 열려져 있어야 할 것은 열려 있어야 합니다. 그러므로 항상 이렇게 기도합니다. 만약 이것이 반대로 되면 큰일이므로, 나는 언제나 열릴 것은 순조롭게 열리고, 닫힐 것은 순조롭게 닫혀 있게 해 주십시오!"

의사는 이 말을 듣고 감탄하듯 말하였다.

"랍비님의 기도는 해부학에 정통한 사람의 말과 같습니다."

오직 하나의 구멍

한 유대 인 남자가 어떤 회사에 근무하고 있었다. 그런데 그는 항상 자기는 회사로부터 부당한 대우를 받고 있다고 생각하였다. 그래서 그는 경영자인 사장에게 말하였다.

"저는 지금까지 회사를 위해 있는 힘을 다해 일해 왔는데, 회사는 그만한 대우를 해 주지 않았습니다. 더 이상 일할 생각이 없으니 퇴직금이나 계산해 주십시오."

이 말에 사장은 기다렸다는 듯이 대답하였다.

"자네, 잘 생각하였네. 그렇지 않아도 자네의 근무 자세가 좋지 않아 파면시킬 생각을 하고 있었네. 그러니 퇴직금은 줄 수 없네."

이렇게 서로가 맞서며 결론이 나지 않자, 어느 날 그 사원은 회사의 공금과 중요 서류를 훔쳐 가지고 외국으로 달아나 버렸다.

그 후로는 그를 찾을 수가 없었다.

그런 지 한 달이 지난 뒤, 외국의 어느 거리를 걷고 있던 그 남자를 사장의 친구가 발견하였다.

사장은 비행기표를 가지고 랍비를 찾아왔다.

"그 남자가 있는 곳에 가서 타일러 주십시오."

랍비는 꽤 먼 곳이었지만 가기로 하였다. 랍비는 비행기를 타고 그 곳으로 떠났다.

그 곳에 도착한 지 이틀 뒤에야 겨우 그 사원을 만났는데, 그는 예상한 대로 랍비를 보고는 깜짝 놀랐다. 회사의 공금과 함께 중요 서류까지 가지고 도망갔으니 자기도 양심에 가책을 받았던 모양이었다.

랍비와 그 남자는 3일 동안이나 그 문제에 대해 이야기를 나누었다.

랍비는 비교적 사소한 문제들에는 관심을 갖지 않았는데, 그런 문제들은 모두 법률로도 처리할 수 있었기 때문이다.

오직 랍비가 관심을 둔 것은 유대 인과 유대 인 간에 생긴 일을 어떻게 해결할 것인가 하는 문제였다. 유대 인끼리 서로 다투는 것은 용납되지 않는 일이었다.

랍비는 〈탈무드〉를 인용하여 이렇게 말하였다.

"유대 인들은 모두가 가족이며 가까운 형제입니다. 우리는 유대 인이 아닌 다른 민족들과 상대하고 있으므로, 유대 인끼리는 절대적으로 평화스럽게 일을 처리해야 합니다."

그러나 그 남자는 그래도 자기의 행동이 옳다고 주장하였다.

"내 행동은 모두 내 자유입니다."

랍비는 그 남자에게 말하였다.

"당신 말이 옳은 점도 있을 것입니다. 나도 잘은 모르지만, 그러나 다른 사람은 생각하지 않고 자기 생각대로만 하는 것은 용서할 수 없는 일입니다."

랍비는 이어서 〈탈무드〉에 나오는 이야기를 예로 들려주었다.

많은 사람들이 함께 배를 타고 항해를 하고 있었다. 그런데 그 때 한 남자가 자기가 앉아 있는 배 밑바닥을 끌로 파 구멍을 내고 있었다. 이 모습을 보고 놀란 사람들이 웅성거리며 그를 나무랐다.

그러자 그는 아무렇지도 않다는 듯이 이렇게 말하였다.

"이 자리는 내가 앉아 있는 자리니 내 마음대로 해도 상관없지 않소? 내가 무슨 행동을 하든 그건 내 자유요."

잠시 후, 구멍으로 물이 들어오기 시작하더니 많은 사람이 타고 있던 배는 곧 가라앉고 말았다.

이야기가 끝난 후, 랍비는 그 남자에게 말하였다.

"어떤 유대 인 한 사람이 자기 회사의 공금과 서류를 가지고 달아났을 때, 과연 주위 사람들은 무엇이라고 말하겠습니까? 그 사람들이 과연 유대 인은 정말 도덕심이 있는 민족이라고 할까요? 이것이야말로 유대 인의 이름을 더럽히는 행동입니다."

랍비의 이런 충고에 그는 마침내 자신의 잘못을 깨닫고 말하였다.

"랍비님의 말씀이 옳습니다. 제가 잘못했습니다. 랍비님의 결정에 따르겠습니다."

그 남자는 가지고 있던 회사의 공금과 서류를 내놓았다.

랍비는 귀국하여 사장을 만나 원만한 해결을 보았다. 그 남자가 원했던 만큼의 성과는 아니었지만 적당한 금액의 퇴직금도 받아 주었다.

암시장

어떤 현명한 재판관이 있었다.

어느 날 시장 거리를 거닐던 그는 많은 훔친 물건들이 그 곳에서 거래되고 있다는 것을 알아 내었다. 그는 많은 사람들과 도둑들에게 경종을 울려 주기 위해서는 어떤 의미 있는 행동을 보여 줄 필요가 있다고 생각하였다.

　우선 재판관은 마을 사람들을 불러모았다. 그리고 족제비 한 마리를 내어놓고 작은 고기 한 덩어리를 주었다.

　그러자 족제비는 고깃덩이를 물고 재빨리 자기의 작은 굴로 물고 가 감추었다.

　그 모습을 지켜보던 마을 사람들은 족제비가 고깃덩이를 어느 곳에 감추었는지를 쉽게 알 수가 있었다.

　그 다음 재판관은 족제비 몰래 족제비의 작은 굴을 막아 버린 다음, 이번에는 훨씬 더 큰 고깃덩이를 족제비에게 주었다.

　족제비는 고기를 물고 이전처럼 굴로 달려갔다. 그렇지만 굴이 막혀 있었으므로 할 수 없이 고깃덩이를 입에 문 채 재판관 앞으로 다시 돌아왔다.

　족제비는 자기가 갖고 있는 고깃덩이를 처치할 수 없어지자, 그 고기를 준 사람에게 다시 가지고 돌아온 것이었다.

　족제비와 재판관의 이 일을 지켜본 사람들은 시장으로 달려가 자신들이 도둑맞은 물건들을 다시 조사하여, 그 물건이 다시 이 시장에서 팔리고 있다는 사실을 알게 되었고, 잃어버린 물건을 찾을 수 있었다.

사 람

　⊙ 사람은 심장(마음) 가까이에 젖이 있으나, 동물들은 비교적 심장에서 떨어진 곳에 젖이 있다. 이것은 하나님이 베풀어 준 깊은 배려의 덕이라 할 수 있다.

　⊙ 스스로 반성하는 사람이 서 있는 곳은 가장 훌륭한 랍비가 서 있는 곳보다도 더욱 고결하고 가치가 있다.

⊙ 이 세상은 진실과 도덕, 평화의 세 가지 근본 위에 서 있다.

⊙ 휴일이 사람을 위해 있는 것이지, 사람이 휴일을 위해 있는 것은 아니다.

⊙ 민중의 소리는 곧 하나님의 소리이다.

⊙ 하나님이 말씀하셨다.

"내게 넷의 아이가 있듯이 너희들도 넷의 아이를 가지고 있다. 너희들의 네 아이는 과부, 고아, 이방인, 승려이다. 내가 너희들의 아이들을 보살펴 주듯이, 너희들도 나의 아이들을 보살펴 주어야 한다."

⊙ 사람들은 남의 가벼운 피부병은 걱정하면서도 자기 자신의 깊은 병은 알아차리지 못한다.

⊙ 거짓말쟁이가 받는 최대의 형벌은 그가 진실로 말하고 있어도 남들이 그것을 믿어 주지 않는 것이다.

⊙ 사람은 20년에 걸쳐 배운 것일지라도, 단 2년 만에 모두 잊어버릴 수도 있다.

⊙ 어떤 사람이고 세 종류의 이름을 갖는다. 태어났을 때 부모로부터 받은 이름과, 친구들이 붙여 준 우정어린 이름, 그리고 생애를 끝마쳤을 때 받는 명성이 그것이다.

시집가는 딸에게 현명한 어머니가

사랑하는 딸아!

네가 만일 남편을 왕처럼 받든다면, 너의 남편은 너를 여왕처럼 모실 것이다.

그러나 너의 행동거지가 마치 하녀 같으면 너의 남편은 너를 하녀처럼 다룰 것이다.

만일 네가 너무 자존심을 내세워 남편에게 봉사하기를 꺼린다면, 남편은 힘으로 너를 하녀로 만들고 말 것이다.

네 남편이 자기 친구를 방문하게 될 때는 반드시 목욕을 하고 옷차림을 단정하게 하여 나가게 도와라.

그리고 남편의 친구가 집에 찾아오거든, 온갖 정성을 다하여 극진히 대접하여라.

그렇게 하면 남편은 너를 아주 소중하고 고맙게 생각할 것이다.

항상 가정을 위해 마음을 쓰고, 남편의 소지품을 소중히 다루어라.

그리하면 남편은 네 머리 위에 기쁜 마음으로 왕관을 바칠 것이다.

답 례

나치의 수용소에서 6백만 명이나 되는 엄청난 유대 인들이 학살되고 나머지 사람들이 구출되었다. 살아남은 유대 인들은 미국의 트루먼 대통령에게 답례로 〈탈무드〉를 선물하였다.

그런데 그 〈탈무드〉는 제2차 세계대전 후 독일에서 인쇄된 책이었다.

그만큼 철저하게 유대 인들을 전멸시키려고 애썼던 독일에서조차 〈탈무드〉가 발행되고 있었다는 사실은, 〈탈무드〉의 위대함을 입증해 주는 증거가 되고 있다.

교 사

유대 인의 가정에서는 아버지가 자기 아들에게 탈무드를 가르친다.

그러나 이 때 아버지가 자주 화를 내거나 지나치게 엄하게 다루면, 아이들은 아버지가 무서워 배울 마음을 잃고 만다.

히브리 어에서 '파더'는 '교사'의 의미가 있는데, 영어에서 기독교 신부를 '파더'라고 하는 까닭도 히브리 어에서의 '교사'의 개념을 지니고 있기 때문이다.

유대 사회에서는 자신의 부친에 앞서 먼저 '교사'를 생각한다.

유대 인들은 지혜와 지식을 가르쳐 주는 '교사'를 생각한다.

가령 아버지와 교사가 함께 감옥에 있을 때, 이들 중 한 사람만 구해야 한다면 아이들은 아버지보다 '교사'를 먼저 구한다.

유대 인들은 지혜와 지식을 가르쳐 주는 '교사'를 무엇보다도 귀하게 여기기 때문이다.

친 구

아내를 선택할 때는 한 단계 낮추어 선택하고 친구를 고를 때는 한 단계 올려 선택한다.

벗이 화가 나 흥분해 있을 때에는 달래려 하지 말고, 슬픔에 잠겨 있을 때도 위로하지 말라.

우 정

만약 벗이 싱싱한 채소를 가지고 있으면 거기에 필요한 고기를 보내 주어라.

설령 벗이 너에게 꿀처럼 달게 대하여도 너는 그것을 모두 핥아먹어서는 안 된다.

가르침

⊙ 향수를 팔고 있는 상점에 들어가면 향수를 사지 않아도 몸에서 향기가 난다.

⊙ 가죽 공장에 들어가면 가죽으로 만든 물건을 사지 않아도 역한 냄새가 난다.

⊙ 칼을 품고 있는 사람은 책을 들고 서지 못하며, 책을 지닌 사람 또한 칼을 품고 서지 못한다.

⊙ 자신을 아는 것이 곧 지혜이다.

⊙ 의사에게 충고를 받았다 하여 의사에게 대가를 치를 필요는 없다.

⊙ 값비싼 귀한 진주를 잃어버렸을 때, 그것을 찾기 위해서는 값싼 양초가 쓰인다.

⊙ 빈한한 집안의 아들은 칭송받을 것이다. 우리 모두에게 지혜를 주는 것이 바로 그들이기 때문이다.

⊙ 기억력을 증진시켜 주는 최선의 약은 감탄이다.

⊙ 학교가 없는 곳에서는 사람이 살 수 없다.

⊙ 고양이에게서는 겸손함을 배우고, 개미에게서는 정직함을 배우고, 비둘기에서는 정절을 배우며, 수탉으로부터는 재산을 지키는 권리를 배울 수 있다.

⊙ 이름이 널리 팔리면 곧 잊혀지게 된다. 그러나 지식 또한 얕으면 곧 잃어버린다.

⊙ 아이들을 가르치는 행위는 아무것도 적혀 있지 않은 백지 위에 무엇인가 그리거나 쓰는 일과 같다.

⊙ 노인을 가르치는 것은 이미 글자가 가득 적힌 종이에서 빈 곳을 찾아 내 무엇인가를 써 넣는 행위와 같다.

처 신

⊙ 선행을 외면하고 마음의 문을 닫은 사람은 곧 의사를 향하여 문을 열게 된다.

⊙ 좋은 항아리를 얻으면 바로 그 날부터 사용하라. 내일이면 깨져서 못 쓰게 될지도 모른다.

⊙ 옳지 못한 사람은 자신의 욕망에 지배당하고 올바른 사람은 자신의 욕망을 지배할 수 있다.

⊙ 남들의 자선에 의해 살아가는 것보다는 차라리 가난한 생활을 하는 것이 더 낫다.

⊙ 남들 앞에서 부끄러워할 줄 아는 사람과 자기 앞에서 부끄러워할 줄 아는 사람과는 큰 차이가 있다.

⊙ 이 세상에는 너무 지나치면 안 될 여덟 가지가 있다. 여행, 여자, 돈, 일, 술 ,잠, 약, 향료가 그것이다.

⊙ 이 세상에는 너무 과하게 사용해서는 안 되는 세 가지가 있다. 빵에 넣는 이스트와 소금과 망설임이다.

⊙ 몇 닢의 동전이 들어 있는 항아리는 그 소리가 시끄럽지만, 동전으로 가득 찬 항아리는 오히려 조용하다.

⊙ 전당포는 과부와 어린아이들의 물건을 맡아서는 안 된다.

⊙ 명성을 얻으려 쫓아가는 사람은 명성을 붙잡지 못하지만, 명성을 피하는 사람은 오히려 명성에 잡히고 만다.

⊙ 남의 것을 훔치지 않은 도둑은 자기가 정직하다고 생각한다.

⊙ 결혼하는 목적은 기쁨에 있고, 장례식 조문객의 목적은 침묵이며, 강의하는 목적은 듣는 것에 의해, 또한 방문에서는 정해진 시간에 도착하는 것이고, 가르침에는 집중이, 그리고 단식의 목적은 아낀 돈으로 자

선을 베푸는 것이다.

⊙ 사람의 몸 속에는 여섯 개의 가치 있는 부분이 있다. 이 가운데에서 세 개는 스스로 조절할 수 없지만, 나머지 세 개는 자기 마음대로 조절할 수 있는 부분이다. 앞의 것은 눈과 귀와 코이고, 뒤의 것은 입과 손과 발이다.

⊙ 당신은 당신의 혀에게 '나는 모른다' 라는 말을 열심히 가르쳐야 함을 깨달아야 한다.

⊙ 장미꽃은 가시와 가시 사이에서 자란다.

⊙ 처방을 무료로 해 주는 의사의 충고는 듣지 않는 것이 좋다.

⊙ 항아리의 겉모양만 보지 말고 그 속에 무엇이 들어 있는가를 살펴보아라.

⊙ 나무는 열매로 평가되고, 사람은 그가 이룬 업적에 의해 평가된다.

⊙ 이제 막 맺히기 시작한 오이를 보고는 앞으로 맛있는 오이가 될지 어떨지 말할 수 없다.

⊙ 행동은 말보다도 오히려 목소리가 크다.

⊙ 남들로 하여금 자기를 칭찬하게 하는 것은 좋으나, 자기가 자기를 칭찬하는 것은 옳지 않다.

⊙ 아랫사람의 말을 듣는 훌륭한 사람이 있고 젊은이의 말에 귀를 기울이는 노인이 있는 세상은 축복받는다.

⊙ 사람을 쉽게 늙게 하는 네 가지는 공포, 분노, 자녀, 악처이다.

⊙ 명곡과 조용한 풍경, 그리고 좋은 향기는 사람의 마음을 안정시켜 주는 요소이다.

⊙ 좋은 가정, 좋은 아내, 좋은 의복은 사람들에게 자신감을 안겨 주는 세 가지 요소이다.

⊙ 자선을 베풀 줄 모르는 사람은 맛있는 요리가 가득한 식탁에 소금

이 없는 것과 마찬가지이다.

⊙ 사람들의 자선에 관한 태도에는 네 가지 유형이 있다.

첫째, 스스로는 돈이나 물건을 남에게 내주면서도, 다른 사람이 돈이나 물건을 내놓는 것은 좋아하지 않는다.

둘째, 다른 사람이 자선을 베푸는 것은 바라면서도 자기는 자선을 베풀지 않는다.

셋째, 스스로 아낌없이 자선을 베푸는 동시에 남들도 또한 자선을 베푸는 것을 바란다.

넷째, 스스로 베푸는 자선도 싫어하고, 다른 사람이 베푸는 자선도 또한 싫어한다.

여러분은 이 네 가지 유형 가운데 어디에 속하는가?

첫 번째는 질투심이 강한 사람이고, 두 번째는 자기를 비하시키는 사람이며, 세 번째는 선한 사람, 네 번째는 완전한 악인의 유형이다.

⊙ 한 개의 촛불로 많은 양초에 불을 붙여도 그 촛불의 빛이 약해지는 것은 아니다.

⊙ 하나님이 기뻐하시는 세 가지 일이 있다.

첫째, 가난한 사람이 물건을 습득해 그 주인을 찾아 돌려주는 일.

둘째, 부자가 자기 수입의 10%를 아무도 모르게 가난한 사람에게 나누어 주는 일.

셋째, 번화한 도시에 살고 있는 독신자가 죄악을 범하지 않는 일.

⊙ 이 세상에 살고는 있으나 쓸모가 없는 남자는, 식사할 수 있는 내 집이 없고, 언제나 마누라 엉덩이에 눌려 지내고, 몸이 아파서 늘 괴로워하는 사람이다.

⊙ 일생에 한 번 맛있는 요리를 실컷 먹고 다른 날에는 굶는 것보다는 평생 양파만 먹고 사는 게 더 낫다.

⊙ 자신을 보존하는 데는 다음 세 가지 경우 외에는 어떤 것보다 앞선다. 다만 다음 세 경우에는 자기를 희생하는 것이 낫다.

첫째, 남을 죽일 때

둘째, 불순한 성 관계를 맺을 때

셋째, 근친 상간을 할 때

⊙ 장사꾼이 해서는 안 되는 세 가지 일이 있다.

첫째, 과대나 허위 선전을 하는 일

둘째, 매점매석하는 일

셋째, 계량을 속이는 일

⊙ 맛있는 과일에 벌레가 더 많이 꼬이듯 재산이 많으면 그만큼 근심도 낳고, 여자가 많으면 또한 투정도 많다. 하녀가 많으면 풍기 또한 문란해지고, 하인이 많으면 집안의 물건도 많이 없어진다.

⊙ 스승보다 더 배우면 인생이 더욱 풍요해지고, 사색을 많이 하면 그만큼 지혜도 더 쌓여 간다.

⊙ 사람들과 만나 이로운 이야기를 나누면 큰 길이 열리고, 자선을 많이 베풀면 따사로운 평화가 깃든다.

⊙ 남들이 모두 옷을 입고 있을 때에는 벌거숭이가 되지 말라.

⊙ 남들이 모두 벌거숭이일 때는 옷을 입지 말라.

⊙ 남들이 모두 앉아 있을 때에는 서 있지 말라.

⊙ 남들이 모두 서 있을 때에는 앉아 있지 말라.

⊙ 남들이 모두 울고 있을 때에는 웃지 말라.

⊙ 남들이 모두 웃고 있을 때에는 울고 있지 말라.

⊙ 인간은 네 가지 유형으로 구분한다.

첫째, 내 것은 내 것이고, 너의 것은 물론 너의 것이라는 사람(일반적인 유형).

둘째, 내 것은 너의 것이고, 너의 것은 나의 것이라는 사람(별난 유형)

셋째, 내 것은 너의 것이고, 너의 것도 물론 너의 것이라는 사람(정의감에 불타는 유형).

넷째, 내 것은 내 것이고, 너의 것도 또한 내 것이라는 이기적인 사람(무경우의 유형).

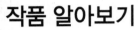

작품 알아보기
(단편문학)

'가르치다'라는 뜻을 가지고 있는 **〈탈무드〉**는 〈구약성서〉가 씌어진 뒤 유대 교의 법률, 전통적 습관, 설화 등을 모아 편찬한 것으로, 성서 다음으로 유대 인들의 정신적인 지주가 되어 왔다. 따라서 당시 유대 민족의 생활양식은 물론 기독교와의 관계를 아는 데에도 귀중한 자료가 되고 있다.

유대 민족은 수천년에 걸쳐 온갖 박해와 시련 속에서 살아온 불운의 민족이다. 시련의 역사를 이겨 내고 오늘날까지 살아 남은 데에는 이 〈탈무드〉라는 정신적 원천이 있었기 때문이다. 〈탈무드〉는 수천년 동안 유대 인들의 입을 통해 전해 내려온 것들을 기원전 200년부터 약 700년에 걸쳐 많은 학자들과 '랍비'들이 연구, 정리한 것이다. 그 과정에서 절대적 진리로 생각하는 관념을 버리고, 보다 실생활에 가까운 삶의 지혜를 중요시하게 되었다.

〈탈무드〉에 주인공으로 등장하는 '랍비'는 '나의 주인', '나의 스승'이라는 뜻이다. 원래는 유대 인들이 종교적 지도자에 대한 경칭으로 쓰던 말이었으나, 오늘날에는 유대 인 신학교에서 교육을 받은 교사로서, 일정한 의식에 관한 판정과 제사 및 설교를 맡은 사람을 가리키고 있다.

논술 길잡이
(단편문학)

❶ 〈탈무드〉는 유대 5천 년의 어렵고 힘든 역사 속에서 유대 인들을 지켜주었던 지혜의 힘으로 불린다. 그렇게 불리는 이유를 살펴보고, 글로 적어 보자.

....

....

....

....

....

❷ 〈누가 더 부자인가〉에서, 이 세상 가장 큰 부자인 랍비의 재산은 무엇인지 써 보자.

....

....

....

....

....

논술 길잡이
(단편문학)

❸ 아래 그림은 〈아버지의 유산〉에 나오는 그림으로, 돌아가신 아버지가 재산의 전부를 하인에게 남기고, 자신에게는 한 가지만을 허락한 이유를 랍비에게 찾아가 묻는 장면이다. 아버지 유언의 진정한 의미는 무엇인지 생각해 보고 글로 써 보자.

....

....

....

....

논술 길잡이
(단편문학)

❹ 〈솔로몬 왕의 재판〉에서 솔로몬이 이렇게 말한 이유는 무엇인지를 써 보자.

> "우리 이스라엘에서는 누구의 것인지 분명하지 않을 때는 공평하게 나누어 가졌다. 그러니 그 아이를 칼로 잘라 둘로 나누어라."

....

....

....

....

....

....

....

....

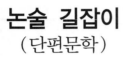

논술 길잡이
(단편문학)

❺ 다윗 왕은 더럽고 고약한 것이라 여긴 거미 덕분에 목숨을 건진다. 이 이야기가 주는 교훈은 무엇인지 논술하라.

....
....
....
....

❻ 이 책에 실린 내용 중에서 가장 기억에 남는 것이 무엇이며, 왜 그런지 그 이유를 써 보자.

....
....
....
....
....

논·술·세·계·대·표·문·학 〈전60권〉

펴 낸 이   정재상
펴 낸 곳   훈민출판사
주   소   경기도 고양시 덕양구 원당동 416번지
대 표 전 화   (031)962-3888
팩   스   (031)962-9998
출 판 등 록   제395-2003-000042호

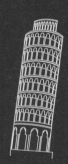